ESG 브랜딩 워크북

좋은 브랜드는 계속 변합니다

ESG 브랜딩 워크북
좋은 브랜드는 계속 변합니다

2022년 5월 20일 초판1쇄 발행

지은이 한지인
펴낸이 김은경
책임편집 강현호
편집 권정희, 이은규
디자인 김경미
마케팅 박선영
경영지원 이연정
마케팅지원 뉴돛
펴낸곳 ㈜북스톤
주소 서울특별시 성동구 연무장7길 11, 8층
대표전화 02-6463-7000
팩스 02-6499-1706
이메일 info@book-stone.co.kr
출판등록 2015년 1월 2일 제2018-000078호

'쏘스'는 콘텐츠의 맛을 돋우는 소스(sauce), 내 일에 필요한 실용적 소스(source)를 전하는 시리즈입니다. 꼭 소스를 찍어먹듯, 사부작 소스를 모으듯 부담 없이 해볼 수 있는 실천 가이드를 담았습니다. 작은 소스에서 전혀 다른 결과물이 나오듯, 쏘스로 조금씩 달라지는 당신을 응원합니다.

북스톤은 세상에 오래 남는 책을 만들고자 합니다. 이에 동참을 원하는 독자 여러분의 아이디어와 원고를 기다리고 있습니다. 책으로 엮기를 원하는 기획이나 원고가 있으신 분은 연락처와 함께 이메일 info@book-stone.co.kr로 보내주세요. 돌에 새기듯, 오래 남는 지혜를 전하는 데 힘쓰겠습니다.

007

ESG 브랜딩 워크북

sauce
as a
source

내 일에 필요한
소스를 전합니다

한지인 지음

북스톤

3장 브랜딩도 성장하려면

좋은 브랜드는 계속 변합니다

"좋은 브랜드라는 게 뭐지?"

새삼스럽게 질문을 꺼내봅니다. 그리고 머릿속이 살짝 어지러워집니다. '좋다'는 말은 아무리 들여다봐도 속내를 알기 어려운 사람 같거든요. 게다가 평가에 과민한 저의 성향을 감안하면 '좋다'는 가치 평가적 단어를 일부러 쓰는 것 자체가 또 다른 도전입니다. 당연히 대답도 쉽게 나올 리 없지요.

같이 일하던 친구들에게도 물어봅니다. '좋은 브랜드'의 기준이 모호하게 느껴질까 싶어서 조금 쉽게 접근해봅니다. "좋아하는 브랜드가 뭐야?"로 질문을 바꾸어본 거죠. 이것저것 열심히 답을 들으면서 슬쩍 그 이유도 물어봅니다. 좋다는 마음을 갖게 한 그 브랜드들의 특징이 무엇인지 말이죠. 어떤 친구는 '나 같은 브랜드, 편안함을 주는 브랜드'라고 답합니다. 다른 친구는 '새로운 패러다임을 제시하는 브랜드'라고 합니다. '도전하는 브랜드'가 좋다는 친구도 있습니다.

친구들의 답변에는 애플, 나이키, 무인양품, 에어비앤비 같은 브랜드가 자주 등장합니다. 재미있는 사실은 파타고니아의 인기였달까요. "전에는 좋아하는 브랜드가 많았는데 요즘은 파타고니아 말고는 딱히 마음에 드는 브랜드가 없는 거 같아"라는 친구도 있었죠.

"나는 이 브랜드를 좋아해"라고 말했는데 상대가 나의 선택에 공감해주면 왠지 반갑습니다. 그래서 이런 말을 할 때에는 나도 모르게 상대방도 좋아해줄 만한 '좋은' 브랜드를 고르게 되더군요. 그중에서 어느 정도 '잘하는' 브랜드를 한 번 더 고르기도 합니다. 일 잘하는 브랜드 말이죠.

'좋아하는, 좋은, 잘하는'이란 브랜드 평가의 미묘한 차이에 대해 생각해봅니다. 잘하기 때문에 좋은 브랜드라 믿고 그대로 좋아하게 되는가 하면, 좋아하기 때문에 잘하면 좋겠고 좋은 브랜드로 성장하길 바라기도 합니다. 처음 브랜딩 일을 시작하던 때의 저는 전자에 해당했죠. 잘하는 브랜드를 보기 위해 기꺼이 비행기 티켓을 끊었습니다. 잘나가는 브랜드가 결국 좋은 브랜드라 믿었던 것 같아요. 그들이 말하는 것들을 순순히 믿었으니까요. 결국 제가 그 브랜드를 좋아하는 이유는 그들이 '잘해서'였습니다. 잘하는 브랜드를 바라보는 마음 뒤에는 롤 모델을 찾고자 하는 니즈도 있었죠.

그런데 점점 브랜드를 좋아하는 이유가 달라지더라고요. 브랜드를 바라보는 시선에 제가 지향하는 삶의 가치가 담기기 시작했죠. 내가 공감할 수 있는 브랜드, 내 세계관과 닿아 있는 브랜드를 찾아가는 과정이 즐거워졌습니다. 나에게 와닿는 브랜드가 좋은 브랜드로 다가옵니다. 어딘지 모르게 촌스럽거나 자꾸만 실수해도 뭐 어때요. 오히려 그들이 계속 잘해나가길 바라게 됩니다. 꾸준히 구매하고 열심히 의견을 냅니다. 촌스러운 것은 얼마든지 매력으로 만들어갈 수 있고, 실수는 잘 만회하면 성장의 거름이 될 것입니다.

물론 마음만으로 좋은 브랜드가 될 수는 없습니다. 갖춰야 할 조건이 있죠. 예전에는 좋은 브랜드가 되려면 혁신innovation과 독창성originality이라는 관문을 거쳐야 했습니다. 이 관문을 통과해야 브랜드 순위도 올라가고 고객의 마음을 얻을 수 있었죠.

지금은 여기에 더해 '지속가능성sustainability'을 잘 챙겨야 합니다. 지속가능성은 더 이상 할까 말까 선택할 수 있는 옵션이 아니라 반드시 해야 하는 필수조건입니다. 오랫동안 세상을 휩쓸었던, 이른바 슈퍼 브랜드라고 예외는 아닙니다. 지속가능성을 장착하지 못한 브랜드들이 과거의 영광을 안고 서서히 스러져가는 모습을 보게 됩니다. 브랜드의 필수조건은 이렇게 계속 추가되겠죠. 혁신, 독창성, 지속가능성을 잇는 새로운 개념들이 '브랜딩 상식의 전당'에 계속해서 랭크될 겁니다.

브랜딩을 잘하는 것 자체가 점점 어려워진다고 느낄 수도 있습니다. 신경써야 할 게 점점 많아지고 기준은 점점 높아지니까요. 브랜드가 갖춰야 할 덕목은 많아지고 그것을 따지는 똑똑하고 깐깐한 소비자들도 늘었습니다. 하지만 쫄지 맙시다. 완벽한 브랜드가 돼야만 성공하는 것은 아니니까요. 세상의 온갖 아이러니와 사회의 온갖 밀당 사이에서, 서로 믿고 공감할 수 있는 '삶의 동료' 같은 브랜드라면 충분하죠. 브랜드가 해야 할 일들을 기꺼이 세상과 함께 시도하면서 불안함을 새로운 힘으로 바꿔가는 브랜드 말입니다.

그럼에도 여전히 '좋은 브랜드'라는 말이 조심스러운 이유가 있습니다. 좋은 브랜드가 있으면 나쁜 브랜드가 있어야만 할 것 같아서입니다. 좋다와 나쁘다, 잘한다와 못한다처럼 평가하는 단어를 사용할 때 신중해지는 이유는, 가치 평가의 기준이 언제든 변할 수 있다는 가능성 때문입니다. 변화의 속도가 기막히게 빠르고 역동적인 한국에서 태어나고 자란 것, 이러한 환경에서 브랜딩이라는 일을 한 것이 제게 이런 생각을 심어줬습니다. 기준, 결과는 언제든 변할 수 있으니 검증하거나 방향성에 주목하자고 말입니다.

좋은 브랜드는 계속 변합니다. '좋음'이라는 단어의 구체적인 의미가 계속 변하기 때문입니다. 어제의 좋음과 오늘의 좋음이 다를 수 있고, 나의 좋음과 너의 좋음이 다를 수 있습니다. 이렇게 계속해서 변화한다는 피로함(?)에도 불구하고 계속 무언가를 좋아하고 싶고, 잘하고 싶어 하는 마음이 참 대견합니다. 그런 마음 덕분에 '좋음'의 행보에 관심을 갖고 손을 잡으려 노력하나 봅니다.

처음부터 좋은 브랜드를 론칭하겠다는 계획은 꽤나 고단한 일입니다. 돈도 벌고 의미도 챙기기는 생각처럼 쉽지 않으니까요. 그럼에도 좋은 브랜드를 만드는 사람들이 점점 늘어납니다. 자신만의 좋음을 잘 일구어 조심스럽게 세상에 내놓는 사람들입니다. 자신만의 속도와 규모를 알고 성취해나가는 사람들입니다.

'동구밭'이라는 회사가 있습니다. 비누와 화장품을 만들어 파는 이곳은 장애인과 비장애인이 함께 일하는 회사로 알려져 있습니다. 작고 착하고 소박한 이미지의 회사였는데, 얼마 전에 우연히 쿠팡에서 발견한 후로는 이미지가 조금 바뀌었어요. '좋음'에만 기대지 않고 비즈니스로 시원하게 나아가는 느낌이 들었습니다. 일전에 장애인 관련 프로젝트를 하면서 "동구밭 같은 회사에서 일하는 건 저희한테는 대기업에 취직하는 거예요"라는 이야기를 들은 기억도 났습니다. 대기업이라는 단어가 이렇게도 들리는구나 싶었습니다.

단어나 개념은 사용하는 사람의 입장에 따라 변화합니다. 좋다, 작다, 착하다는 말은 언제나 상대적입니다. 그러니 이런 단어들에만 매몰되지 않고 자기 방향으로 나아가는 힘이 브랜드에 더욱 필요합니다.

좋은 브랜드가 점점 많아지기를 바라는 마음을 담아서 이 책을 씁니다. 동구밭 같은 브랜드를 만들어 성장시키고자 하는 분들과 함께 읽고 싶습니다. 시대가 변하고 상황이 달라질 때마다 자신의 길을 기꺼이 조금씩 고치며 나아가는 브랜드가 많아지기를 바라며, 그 방법을 찾고 싶습니다. 그들의 여정에 저도 늘 함께하기를 바라는 욕심도 한 스푼 더합니다.

1장

원하는 방향으로 성장할 수 있다면

계속 성장할 수 있을까?

만 79세가 되신 아버지께서 강원도로 이사를 가신 건 3년 전, 아버지 연세 76세의 겨울이었다. 인생 대부분을 서울에서 살아온 분이 시골에 내려가 스스로 농사라는 걸 지으신 지 세 해째가 된 셈이다. 연세도 있고 난생처음 해보시는 일이니 자급할 정도로만 마음 편히(?) 농사를 지으시면 좋겠는데, 웬걸 고집이 이만저만이 아니시다. 새벽부터 나가서 종일 일하는 것은 기본이고, 끼니도 대충 때우시면서 어두컴컴해질 때까지 밭에서 지내시는 날이 대부분이다.

다행인지 당연한 건지 모르겠지만 그 노력은 꽤 괜찮은 성과로 돌아왔다. 생애 두 번째 농사로 길러낸 튼실한 양상추와 오이고추

를 도매상에 왕창 파신 것이다! 체력을 아껴가면서 제발 쉬엄쉬
엄 하시라고 늘 걱정 어린 잔소리를 퍼붓고는 있지만, 마음속으로
는 내심 아버지가 부럽다. 열심히 일하고 싶고, 일한 만큼 보상받
고 싶다는 욕망이 팔순의 나이에도 여전히 뇌에 작용한다는 거니
까. 게으름 피우지 않고 꾸준히 무언가를 해가다 보면 분명 뭐라
도 좋아질 거라는 믿음을 잃지 않는다는 거니까. 오랜 세월을 사
시는 동안 그 욕망과 믿음을 줄곧 지켜왔다는 것만으로도 나는
아버지가 참 부럽다.

나의 이런 부러움이 가끔 유치한 방향으로 틀어질 때도 있는
데, 그럴 때마다 아버지를 놀리고 싶어진다. 세상에 대해 너무 긍
정적으로만 이야기하시는 걸 듣자면 괜히 좀 얄밉달까. 그때마다
내가 꺼내는 무기는 '아버지께선 호시절을 사신 분'이라는 말이다.
기회가 도처에 있던 시절, 노력하면 고스란히 보답으로 돌아오는
시간을 살아오신 아버지는 결코 내 마음을 다 모를 거라는 말로
벽을 쳐버리는 것이다.

이 무기는 생각보다 꽤 효과적이다. 사실 아버지께서도 다 알고
계시다. 저성장, 양극화, 기후변화 등을 들먹일 때마다 구체적으로
그것이 어떤 변화인지 직접 겪지는 않으셨어도 대충은 짐작하시
는 거다. 미디어에서 워낙 오래전부터 다루기도 했고 세상이 공공

연하게 인정하는 사실이니까.

호시절을 지나 성장의 한계가 드러나는 세상이다. 하지만 나아지고 싶은 마음, 성장하고 싶다는 욕망은 여전히 세상 모든 곳에 존재한다. 청년뿐 아니라 팔순을 넘긴 노인에게도, 사람뿐 아니라 동물이나 식물에도, 세상의 모든 곳에 성장욕은 살아 있다.

덩치 큰 기업들도 위기 상황에서 어떻게 성장할 수 있을지 끊임없이 고민한다. 세계 최대의 자산운용사로 알려진 블랙록BlackRock은 매년 한 해의 활동에 앞서 투자사의 CEO들에게 서한을 보낸다고 한다. 그들의 결정과 행동이 세상에 미칠 영향력이 어마무시할 거라는 일리 있는 예측 때문에, 금융업뿐 아니라 다양한 분야의 기업들이 주목하는 연례서한이다. 2021년 블랙록의 래리 핑크Larry Fink 회장은 'Larry to CEO'로 시작하는 연례서한에서, 기업 활동에 대한 새로운 성장 방향을 언급하며 많은 이를 분주하게 만들었다. 다음은 그 내용 중 일부다.

대표님들께.

팬데믹은 우리의 존재를 위기에 접하게 함으로써 우리가 얼마나 취약한지에 대해 여실히 절감하게 했습니다. 게다가 기후변화가 전 세계를 어떻게 위협하는지 확실히 직면하게 해주었고,

팬데믹 위기와 마찬가지로 기후변화라는 위기가 우리의 삶을 어떻게 바꿔갈지에 대해 진지하게 고민하도록 만들었습니다. 지난해는 그 어느 때보다 기후변화가 초래한 물리적 피해가 심각했고 이는 금융에도 직접적인 영향을 미쳤습니다. 기후변화는 저희 회사에 투자해주시는 고객분들이 최우선적으로 생각하는 것이며 이에 관한 문의를 거의 매일 듣습니다.

'넷제로net zero(탄소중립)' 경제로의 전환으로, 모든 기업의 사업 모델은 큰 영향을 받을 것입니다. 넷제로 달성을 위해 경제 시스템 전체가 변해야 한다는 사실을 인식해야 합니다. 전환은 필연적으로 복잡하며 힘겨운 과정이겠지만, 탄력적인 경제를 구축해 더 많은 사람에게 혜택을 줘야 합니다. 저는 자본주의의 미래와 경제의 미래에 대해 매우 낙관적입니다. 에너지 전환은 걸림돌이 아닌 순풍이 되어줄 것입니다.

2020년 한 해 동안 더 나은 ESG 프로파일과 목적을 가진 기업이 동종 업계의 다른 기업보다 얼마나 좋은 성과를 거둘 수 있는지 똑똑히 확인했습니다. ESG 프로파일이 우수한 기업은 '지속가능성 프리미엄'을 누리며, 다른 기업보다 좋은 성과를 냅니다. 인종차별, 경제적 불평등, 지역사회 참여에 대한 이슈는 종종 ESG 논의에서 '사회적(S)' 문제로 분류됩니다. 하지만 이렇게 문제별로 구분 짓는 것은 별로 바람직하지 않습니다. 가령 기후변화는 이미 전 세계 저소득층 지역사회에 더 심각한 영향을 미칩니다. 그렇다면 이것은 환경(E) 문제일까요, 아니면 사회적(S) 문제일까요? 중요한 것은 문제를 어떻게 분류하는지가 아니라 각각의 문제가 서로 영향을 미치는 방식이며, 우리는 이 문제를 파악하고 해결해야 합니다.

저는 낙관주의자입니다. 많은 기업이 ESG 문제를 진지하게 받아들이는 것을 똑똑히 확인했고 투명성 향상, 이해관계자에 대한 책임감, 기후변화에 대한 준비성 강화 요구를 어떻게 수용하는지도 지켜봤습니다. 이 위기에서 사회를 구하고 더 포용적 자본주의를 구축해가는 기업의 역량에 대해 큰 확신을 가졌습니다. 세계는 여전히 위기에 처해 있으며 한동안 헤어나기 어려울 것입니다. 우리 앞에는 큰 도전이 기다리고 있습니다. 이 도전을 받아들이는 기업, 이해관계자를 위한 장기적 가치를 설계하는 기업은 주주에게 장기 수익률을 제공하고 세계를 위해 더 밝고 풍요로운 미래를 구축하는 데 기여할 것입니다.

이와 같은 블랙록의 연례서한이 화제가 되기 시작한 것은 2020년에 발송된 "블랙록의 새로운 투자기준, 지속가능성"이라는 제목의 레터였다. 블랙록은 마치 당연하다는 듯 ESG라는 단어를 반복적으로 언급하며 투자기준의 변화를 알렸고, 이 소식을 들은 기업이나 개인뿐 아니라 각국의 정부기관까지 분주하게 만들었다.

ESG란 환경environment, 사회social, 지배구조governance의 앞글자를 딴 단어로, 2005년 UN에서 발표한 개념이다. 친환경, 사회적 책임 경영, 지배구조 개선이라는 세 가지 방향성을 정하고, 그 위에 세상이 이런 방향으로 나아가야 한다는 마음을 담아 전 세계 지성인들이 오랜 시간 연구한 프레임이다.

블랙록이 ESG를 '당사의 새로운 투자기준'으로 언급한 것은 자본의 흐름을 근본적으로 검토하고 그 방향을 다시 만들어가겠다는 의미로 읽힌다. 새로운 기준에 부적합 판정을 받는 기업은 "전과 같지 않을 것이야"라는 협박을 잘 섞어서 말이다. 막대한 자본을 다루는 블랙록의 발언이 투자자나 기업뿐 아니라 정부기관, 일반 개인의 관심까지 집중시키는 이유가 여기에 있다. 환경 위기에 빠진 지구가 좀처럼 획기적인 전환점을 찾지 못하고 주춤하는 가운데 ESG의 등장이 실질적인 변화를 가져올 거라는 희망 섞인 관심을 갖는 이들도 생겨났다. 물론 초기에는 혼란과 오류를 겪을 수밖에 없겠지만 말이다.

ESG 기준을 통과했다 해도 순순히 넘어갈 수는 없다. 애초 ESG는 투자기준으로 등장하며 이슈가 됐다는 것을 기억하자. 투자받기 위해 필요한 수치를 얻기 위해 눈속임을 하는 등의 의도 변질을 우려하는 목소리가 높고, 최근에는 환경을 파괴하는 기업에 블랙록이 투자해왔다는 뉴스들도 심심치 않게 들렸으니 높은 점수를 받거나 블랙록이 투자했다며 덮어놓고 믿어버릴 일은 아니다. 그야말로 ESG에 관해서는 수많은 긍정론과 비관론의 논란이 끊이지 않는다.

하지만 새로운 세상에 대한 욕망과 정의가 한데 엉켜 온통 복잡해지는 가운데서도 나는 ESG의 대유행에 계속 부채질을 하고 싶다. ESG에 대한 동의 여부, 성공할지 실패할지의 논란이 중요하다고 여기지는 않기 때문이다. ESG는 우리가 앞으로 계속 성장하기 위한 다양한 시도 중 하나이자 꽤 괜찮은 방향성이라 생각한다. 게다가 브랜딩의 관점으로 보아도, 나는 이 ESG라는 불꽃을 쏘아 올린 핑크 회장의 '스토리가 있는 서한 발송'이 잘 계획된 '브랜디드 컨텐츠'라는 생각에 매우 흐뭇하기까지 하다.

블랙록의 ESG 연례서한을 보면서 든 생각을 대략 세 가지 방향으로 정리해보았다. 첫째는 블랙록이 지금부터의 성장 방향성을 업데이트했다는 것이며, 둘째는 앞으로 적용할 성공 지표를 리뉴얼한다는 것이다.

자산운용사인 블랙록을 하나의 브랜드로 보았을 때 그들의 선언은 리브랜딩이라 할 수 있다. 물론 이들의 진짜 의도에 대해서는 누구도 쉽게 단언할 수 없기에 진정성에 대한 판단은 보류해도 좋다. 다만 브랜드가 세상에 미치는 영향력을 기준으로 판단해보면 그들의 리브랜딩 결과에 꽤 높은 점수를 줄 수 있다. 게다가 서한을 통해 밝힌 의지가 진심이라면, 앞으로 어떤 실수가 드러나더라도 스스로 고쳐나가며 한동안 승승장구할 것이라는 예감이 든다.

셋째로, 이들이 보여준 매력적 리더십도 인상적이다. 늙어가는 자본주의가 계속해서 드러내는 성장의 한계와 기후 위기라는 지구의 한계를 막막하게 지켜보며 날마다 한 칸씩 무기력을 쌓아가는 우리의 마음이 시원해질 정도로, "나만 따라와"를 시전하는 모습에서 말이다. 완벽한 솔루션을 찾기 위해 고민만 하기보다 지금 할 수 있는 최선의 일을 하면서 사업의 방향성을 고치고 보완해간다면 어쩌면 다시 성장의 기쁨을 누릴 수 있을지도 모른다는 기대감은 덤이다. 이들의 작전에 완전히 밀려들었다. '세계 최대의 자산운용사'를 통해 이런 기분을 느낀 것이 다행이라는 생각도

든다. 엄청난 주류에 말려든 상황이 고독한 싸움보다 나으니까.

살아 있는 한 결코 사라지지 않을 것 같은 성장욕을 나처럼 마음 한구석에 접어두려던 동지가 있다면 블랙록의 연례서한을 2020년 버전부터 하나씩 읽어볼 것을 추천한다. 원문을 읽으면 좀 더 다정함을 느낄 수 있으니, 가능하다면 글로벌 사이트에서 읽어보기를 바란다. 금융 용어가 꽤 나오지만 적당히 잘 넘기면서 읽어가다 보면 이 서한의 메시지를 자신의 커리어나 생활에도 실현하고 싶다는 생각이 절로 들 것이다. 이렇게 하면 계속 성장의 쾌감을 느낄 수 있을 거라는 기대감이 생긴다. 나도 핑크 회장처럼 "저는 낙관주의자이며 자본주의의 미래와 건강한 경제를 믿습니다", "저는 기업들이 지금의 위기를 현명하게 해결하면서 포용적인 자본주의를 만들어갈 것을 믿습니다" 같은 말을 아주 멋지고 단호하게 하고 싶다는 생각이 들 것이다. 나는 그랬다.

브랜딩 업계에서도 ESG는 자신의 자리를 찾아가고 있다. 환경적, 사회적, 구조적이라는 세 가지 방향성을 중심으로 브랜드를 구축하는 것은 더 이상 힙한 이미지나 트렌드가 아니라 브랜드의 기본 요소를 갖춰가는 기초 작업이 돼가고 있다. E와 S와 G를 얼마나 통합적으로 완성도 있게 구현하냐에 따라 경쟁력 있는 브랜드 정체성이 만들어진다. 그렇다. 이것은 이미 브랜딩 업계의 상식이 됐다. 새삼 새로울 것도 없이, 어서 그다음 단계로 넘어가야 한다. 잘 세워진 정체성이라는 기본을 바탕으로 새로운 성장이라는 단계를 열어가야 한다.

ESG의 세 가지 요소와 매출의 균형을 잘 타면서 성장하는 화장품 회사 러쉬LUSH의 브랜딩은 ESG 시대의 롤 모델 그 자체다. 그들의 철학을 맛볼 수 있는 활동이야 셀 수 없이 많지만, 동물실험을 반대하며 중국 본토 진출 거부를 결정한 후에도 동물실험에 대한 중국 정부의 인식을 바꾸기 위해 노력하는 한편, 법안 개정에 힘을 쏟았다는 소식을 듣고 나서 나는 러쉬라는 브랜드 앞에서 그야말로 무장해제될 수밖에 없었다.

ESG를 이미 탄탄하게 심은 브랜드가 만들어가는 성장은 자신을 넘어서 외부로 확장되고, 심지어 대치하는 세계에까지 말을 걸 수 있는 자신감으로 이어지는구나 싶었다. 참고로, 말도 탈도 많았던 중국의 수입 화장품 동물실험 통과 기준은 2021년 5월부터 일반 화장품에 한해 면제됐다.

러쉬가 변화하고지 히는 이들의 지지를 빌고 캠페인을 펼치며 법안을 개정하려 노력했다면, 이와는 정반대의 순서로 성장을 꾀

해야만 하는 브랜드도 있다. 기후 위기나 넷제로 관련 브랜드는 사실상 사회 전반에 걸친 거시적인 관점으로 접근해야 하는 경우가 많기 때문이다. 이런 경우는 일단 문제 해결법을 제시한 후 대중의 관심을 서서히 이끌어내야 한다. 혁신적인 ESG 방향성이 생소하게 느껴질 수 있기 때문에 사람들이 일상에서 그 방향을 익숙하게 경험하고 느낄 수 있도록 브랜딩해야 한다.

국내 신재생에너지 업계 최초로 주민참여형 사업을 펼치는 루트에너지ROOT ENERGY 윤태환 대표는 인터뷰에서 이런 이야기를 했다. "덴마크 사람들은 내가 쓰는 전기를 내 것이라 생각해요. 주민들이 발전소도 만들고 송전탑도 세워요. 우리나라에서 매번 극심한 갈등을 빚는 일을 그곳 주민들은 주도적으로 합니다."

'내가 쓰는 것은 내 것'이라는 주도성에 대한 대목이 눈에 크게 들어온다. 내가 쓰는 것, 내가 계속 쓰게 될 것, 그렇기에 내가 신경쓰는 것까지 모두 내 것이다. 기존의 '돈 주고 산 다음 쓰고 버린다'는 정해진 수명을 가진 소유와는 사뭇 다른 '내 것'에 대한 새로운 정의다. 이 정의를 통해 새로운 성장에 대한 가능성을 찾을 수 있다. 앞으로의 브랜딩은 그간 우리가 의심 없이 받아들였던 개념, 방식보다 더 큰 유연함을 요구할 것이다. ESG라는 새로운 성장 목표가 기업과 고객, 정부의 구분 없이 모두 함께 변화하자며 말을 걸고 있다.

ESG, 기후 위기, 넷제로라는 단어가 뉴스에나 나오는 이야기가 아님을 우리는 알고 있다. 삶에서 이미 경험하기 때문이다. 그럼에도 개인의 힘으로 도란도란 헤쳐나갈 수 없는 것도 안다. 해결해야 하는 심각한 문제임은 분명히 알겠는데 말이다. 이런 상황일수록 거시적인 문제를 논하는 동시에 현실적으로 행동하며 용기를 주는 브랜드의 주장이 더욱 필요하다. 변화를 '같이' 겪으면서 각자의 영역에서 '성장'하자는 이야기를 세계 최대 투자사와 잘나가는 브랜드를 통해 들으면서 내가 좀 울컥한 이유도 이들의 공감과 용기에 있다.

아버지 세대처럼 호시절을 살 수 있을 거라는 기대를 하진 않는다. 내겐 내 시대에 맞는 방식이 있고, 내 조카에게는 또 그 녀석에게 맞는 방식이 있을 것이다. 아버지의 시대를 부러워하며 내 시대를 탓할 필요도 없다. 저성장과 기후 위기의 담론에서 한 톨짜리라도 좋으니 살아가는 세계를 위한 가능성을 찾아내야 한다. 저성장이라고 했지, 무성장이라고 하지는 않았으니까 말이다. 저성장이라는 결론을 만든 성장의 기준부터 다시 들여다보면 어떨까. "기후 위기가 긴박하게 다가오는 만큼 해법을 논의하는 속도도 빨라지니 스릴 있는데?", "비관론은 일단 집어치우고 다양한 대책이 있는지 일단 볼까?" 이런 말을 걸어주는 브랜드를 찾아내면서 말이다.

어디 나쁠일까. 우리는 모두 각자의 위치에서 각자의 방식으로 위기를 대처하는 해법을 만들어가고 있다. 이것이 바로 이 시대, 우리의 성장이다.

ESG의 대유행을 응원하는 이유

ESG에 대한 논의가 블랙록의 서한에서 처음 언급된 것은 당연히 아니다. 친환경 기업이나 브랜드에 사람들이 관심을 가지면서, 이와 관련된 기업의 인식과 활동은 차근차근 달라지기 시작했고 지금의 흐름을 만들어냈다.

2019년 8월, 미국의 재계 단체인 비즈니스라운드테이블BRT에서 미국을 대표하는 기업의 CEO 181명이 "기업의 가치선언문 Statement on the Purpose of a Corporation"을 발표했는데, 그 내용이 꽤나 흥미로워 세상의 이목을 끈 바 있다. 선언문 내용 중 기업의 존재 목적을 정의하는 대목을 살펴보면 수십 년 동안 경제학의 기본 전제였던 '주주 자본주의'가 '이해관계자 자본주의'로 변화한 것을 알 수 있다. 다시 말해 '회사는 주주를 위해 존재한다'는 전제를 버리면서, 주주 이익 극대화가 기업 활동의 주요 목적이 돼서는 안 된다고 선언한 것이다. 주주를 포함해 직원, 고객, 지구, 지역공동체, 협력업체 등 기업 활동을 둘러싼 여러 '이해관계자들'에 대한 공정한 대우 및 상생을 바탕으로 지속가능한 이윤을 창출하는 것이 기업의 목적이라는 것이다.

애플의 팀 쿡, 아마존의 제프 베이조스, JP모건의 제이미 다이먼, GM의 메리 바라, 보잉의 데니스 뮬런버그 등 수많은 글로벌 기업 CEO가 이 선언문에 서명했다.

자유시장 원리를 가장 영리하게 활용하면서 전력을 다해 이윤을 쌓아온 글로벌 기업의 CEO들이 이제 와서 고작 몇 마디 선언을 했다고 그걸 곧이곧대로 믿는다면 순진하다고 놀림받을 것이 분명하다. 이 선언이 어떤 형태로 실현될지는 두고 볼 일이다. 그럼에도 이들의 선언이 세상을 향해 외치는 형식으로 발표됐다는 점 하나는 마음에 든다.

시장에서 살아남아 위대한 승자라 불리는 이들이 만들어낸 이날의 선언이 '사고의 변화'라는 소용돌이를 지금도 계속 만들어내고 있기를 바란다. 의미를 추구하며 돈을 버는 것이야말로 앞으로 기업이 나아갈 길이라는 선언을 어떤 식으로든 어서 보여주길 바란다.

실현가능성을 따지기에 앞서 ESG의 출항을 열렬하게 응원하는 이유도 마찬가지다. 돈과 의미라는 두 마리 토끼를 다 잡고 싶은 욕심을 "말도 안 돼!"에서 "당연하지!"로 바꿔줄 수 있을 거라는 기대감 때문이다. 돈 버는 것과 의미를 추구하는 것을 다 잘하고 싶은 마음은 인간의 본능 아닐까.

자기 자신을 먹여 살리는 행동과 지금보다 더 나은 삶을 도모하는 마음이야말로 사람의 성장을 이끄는 두 가지 욕망이며, 애초에 '의미'라는 개념을 품고 사는 사람만이 낼 수 있는 아이디어다. 이 두 가지 욕망은 공존하는 게 당연한데 우리는 왜 언제부터 그런 기대를 과한 욕심이나 유별난 것으로 치부하기 시작한 걸까. 돈과 의미를 왜 자꾸 떨어뜨려 생각하는 걸까.

나만 이런 생각을 하는 건 아닌지, 돈과 의미를 동시에 추구하며 활동하는 기업과 단체들을 분석하는 논문을 읽은 적이 있다. 무려 책 한 권의 분량에 달하는 "하우 온 어스How on Earth"●라는 이 논문은 NFP라는 비즈니스 모델을 다루고 있다. NFP는 Not-for-Profit의 줄임말로 Non-Profit과 For-Profit의 장단점을 절

● 포스트그로스인스티튜트(Post Growth Institute)의 제니퍼 힌튼(Jennifer Hinton)과 더니 맥러컨(Donnie Maclurcan)이 발표했다.

충한 대안이다. 말 그대로 비영리와 영리의 균형점에서 가능성을 찾아낸, 지속가능한 모델의 강력한 후보인 것이다. 이 논문에서는 비영리와 영리, 대기업과 소상공인, 단체, 모임, 재단, 스타트업 등 여러 카테고리의 다양한 사례를 분석하면서 인사이트를 도출하고 있다. 그리고 이들이 결국 힘을 모을 수 있는 그릇으로서의 NFP를 소개한다. NFP를 '이윤보다 목적을 우선시하는 비즈니스'로 정의하며, NFP를 만들고 성장시키기 위한 조건으로 다음과 같은 항목들을 제시한다.

1. 사회적·환경적 가치를 사업의 첫 번째 목적으로 설정한다.
2. 사업 이윤의 100%를 사업 운영을 위해 사용한다.
3. 사업 목적 달성을 위한 활동에 책임을 물을 수 있는 이사회를 운영한다.

"사회적·환경적 가치를 사업의 첫 번째 목적으로 설정한다"는 조건은 181명의 CEO들이 서명한 성명서를 떠올리게 한다. 기업의 존재 목적은 '고객가치 제공, 임직원 투자, 협력업체와의 공정하고 윤리적인 거래, 지역사회 지원, 환경보호, 장기적인 주주가치 창출'이라는 내용에 오버랩된다. 물론 이것만으로 당장 NFP 모델이 되는 것은 아니다. NFP의 두 번째, 세 번째 조건인 "사업 이윤의 100%를 사업 운영을 위해 사용한다"와 "사업 목적 달성을 위한 활동에 책임을 물을 수 있는 이사회를 운영한다"의 조건을 충족시키기 어려울 것이다. '장기적인 주주가치 창출'을 목적으로 한다는 말 또한 여전히 풀어야 할 숙제가 많다는 의미로 들린다.

그럼에도 우리가 충분히 흥미로운 전환점을 목격하고 있다는 점을 다시 한 번 강조하고 싶다. NFP의 정의와 조건이 완벽에 가까운 이상향이라 한다면, 이들의 성명서는 그곳으로 가는 첫 번째 판 깨기 정도는 되지 않을까?

장기적이고 근본적인 변화는 하나씩 차근히 실타래를 푸는 과정에서 만들어진다. 지금의 전환을 시작으로 크고 작은 변화가 계속해서 일어날 것이며, 그 변화는 자본주의 시스템에서 살아가는 모두에게 적용될 것이다.

전환의 기저에는 '이것도 저것도 조화롭게 추구하고 싶은' 사람 본연의 욕망이 있음을 확신한다. 애초 돈과 의미를 동시에 추구할 수 없다는 편견은 어디에 뿌리를 둔 것일까? 이 편견은 돈과 의미가 양극단에서 대치하는 듯한 전제로 이어진다. 자본주의와 사회주의라는 이데올로기의 적대 상황을 연상시킨다. 의미를 추구하면 좌파, 돈을 추구하면 우파라는 인식을 부추기기도 한다.

그런데 사실 경제 시스템과 돈을 바라보는 세계관이 다른 이들의 관심사나 행동을 살펴보면, 묘하게 같은 곳을 바라보는 모습을 심심치 않게 볼 수 있다. 신재생에너지 관련주를 사 모으는 사람도, 바다에서 플라스틱 쓰레기를 줍고 서명운동을 하는 사람도, 집에서 열심히 제로웨이스트zero waste를 실천하는 사람도 궁극적으로는 같은 곳을 바라본다고 생각한다. 개인적 상황과 선택하는 행동 방식이 다를 뿐.

어쩌면 돈과 의미를 동시에 추구하는 것은 그리 어려운 미션이 아닐지도 모른다. 좌파와 우파 중 하나를 고를 필요도 없고, 자본주의와 사회주의 중 하나를 선택하라는 질문도 아니니 말이다. 결국 돈도 의미도 우리가 잘 살 수 있도록 도와주는 도구라고 정의하면 어떨까? 이 도구들을 가진 비중과 사용하는 비율이 저마다 조금씩 다를 뿐, 삶을 바라보는 방향과 살아가는 태도는 근본적으로는 같다고 말이다.

기억력이 안 좋기로 유명한 나지만 무려 이십 년이 지난 지금도 생생하게 떠오르는 기억이 하나 있다. 한창 제멋에 빠져 살던 고등학교 시절, 틈만 나면 이곳저곳 돌아다니며 공연과 전시에 빠져 있던 때 일이다.

지금은 아라리오뮤지엄이 된 (구)공간사옥 지하의 공연장에서

33

엄청 철학적인 연극을 보고, 극이 끝난 후 배우와의 대화에 참석하기 위해 앉아 있었다. 공연과 이벤트 사이의 인터미션 때 극에 대한 질문이 있으면 써서 달라고 했는데, 나는 뭐라도 써서 내는 유형인지라 어김없이 쪽지를 써서 제출했다. 꽤 무겁고 진지한 질문과 답이 오가던 중 드디어 내 질문이 뽑혔다. 내 질문은 "왜 대부분의 연극인은 가난하게 사나요?"였다. 갑자기 공연장의 분위기가 고요해졌다.

연극 보기를 좋아했던 그 시절의 나는 그게 매우 궁금했다. 이런저런 연극을 보러 다니고 배우나 극에 대해서 알면 알수록 미스터리한 부분들이 내 안에 자꾸 쌓여만 갔다. 연극하는 사람들만 너무 다른 세상에 사는 듯 보였다. 왠지 연극인은 결핍을 당연하게 여기는 것처럼 보였달까. 그걸 유난히 멋으로 여기는 동시에 벽으로 삼는 것 같은데, 그래야만 하는 것처럼 보이기도 했다. 싫고 좋다는 표현도 아니었고 내가 나서서 논할 내용도 아니었지만, 마침 연륜 있는 유명 배우가 온다니 한번 물어나 보자 싶은 마음에 꺼낸 질문이었다.

질문을 받은 그 대단한 배우는 나를 '아무것도 모르는 어린애잖아' 같은 눈빛으로 바라보며 '원래 연극이란 그런 것'이라고 딱 잘라 말하고 다음 질문으로 넘어갔다. 섭섭했다.

진짜 예술은 돈과 관련이 적을 때에만 빛을 발하는 걸까. 진정 가치 있는 것은 돈과 공생할 수 없는 걸까. 가치 추구와 돈벌이가 양립하면 좋겠다는 내게 세상 물정 모르는 소리를 한다고 하는데, 내가 모르는 건 무엇일까? 답답한 시절이었다.

　그날 밤 듣지 못했던 대답이 요즘에서야 조금씩 들려오는 기분이다. 물론 예술의 정신성과 돈의 관계에는 좀 더 깊은 이야기가 숨어 있을 수 있다. 나는 돈을 잘 융통시키면서 예술을 번성시키는 사람들의 활약상을 보고 싶었던 건지도 모른다. 요즘 의미 있는 돈, 제값을 받는 가치를 만들어가려는 움직임이 유난히 반가운 이유는 어쩌면 그날 이후로 쭉, 너무 오랫동안 갑갑했기 때문이리라.

지속가능한 경제, 지속가능한 성공

살면서 계속 곱씹는 몇 가지 말들이 있다. 대부분 충고나 위로에 가까운 말들인데 심적으로든 물리적으로든 갈피를 못 잡을 때마다 자연스럽게 떠오르곤 한다. 그리고 나를 제자리로 데려다주는 역할을 한다.

이탈리안 레스토랑에서 파트타임으로 일할 때였다. 빼곡하게 자리를 채워야 20명이 겨우 앉을 만한 작은 공간에서 서빙과 음료 제조를 맡았는데, 살면서 처음 해보는 일이라 초반에는 사고를 자주 쳤다. 손님이 유난히 많았던 날 급하게 음식을 내다 홀에서 철퍼덕 넘어지기도 했고, 주문관리를 제대로 못해서 주방에 불려가 혼난 적도 많았다. 그러던 어느 날, 사장님이 조용히 가게 건너편의 펍으로 나를 불러냈다. 일한 지 몇 달이 지났으니 이런저런 이야기를 해보자는 거였다. 저지른 실수들이 있던 터라 이제 제대로 혼날 때가 됐나 싶어 긴장을 감추지 못하고 쭈뼛거리며 나가 앉았다. 사장님은 그 모든 예상을 뒤엎고 웃으며 말을 꺼냈다. 걱정스러운 알바에게 이런저런 이야기를 조곤조곤 들려주려는 것이다. "정말 좁은 이 식당에서 네가 자유를 느끼는 날이 올 거야. 그때는 일이 점점 재미있어질걸."

지금도 종종 생각나는 사장님의 명언이 탄생한 순간이었다. 응? 노력해서 한계를 극복하면 능숙해질 거라는 뜻일까? 이 안에서 요령을 잘 찾아보라는 걸까? 홀 서빙에서 자유를 느끼라니, 대체 무슨 철학적 조언이란 말인가. 모든 것이 온통 부자유스러웠던 내겐 도통 알 수 없는 말이었다. 하지만 그날부터 뭔지는 잘 몰라도 자유를 느껴보고 싶고, 나도 즐기는 경지에 오르고 싶다는 목표가 생긴 것도 사실이다.

물론 그 후 내가 과연 자유를 얻었는지 못 얻었는지는 지금도 알 수 없지만(점점 덜 혼나기는 했다), 아직까지도 사장님이 해준 말이 종종 떠오르는 이유는 알 것 같다. '어디에나 한계는 있으니 그 안에서 살아가는 법을 익히면 즐거움을 알게 된다'는 뜻이 아닐까. 내 마음대로 한 해석이지만.

한계, 울타리, 프레임이 존재하는 상황에서 행복하다는 사람들의 말을 이해 못했었다. 무한 자유가 인생의 목표였던, 고삐 풀린 망아지 같았던 내게 한계란 없애는 것, 울타리는 넘는 것, 프레임은 부수는 것이었기 때문이다. 내 앞에 그어진 선을 지우고 나아가야만 성장할 수 있다고 믿었다. 그런 나에게 브레이크 타임에 들려준 사장님의 이야기는 신선한 자극이 됐다. 나를 둘러싼 테두리 안에서도 변화할 수 있고 심지어 자유를 느낄 수 있다니.

"성장하고 싶다, 변화하고 싶다, 성공하고 싶다"는 말을 자주 하면서 상상한다. 우연히 산 복권이 1등에 당첨된다면? 자고 일어났더니 내 책이 베스트셀러가 됐다면? 어느 날 갑자기 BTS에게 프로젝트 의뢰가 들어온다면? 이런 상상을 번갈아 하다 보면 시간이 훌쩍 날아가버린다. 결론 없이 끝나는 망상이 돼버린다.

그런데 오늘은 사장님과의 대화를 한 번 더 복기하려 한다. 성공이란 내 앞의 선을 넘어야 손에 넣을 수 있는 게 아니라, 혹시 이미 오래전부터 내 근처에서 늘 나와 공존하던 게 아닐까? 꾸준히 나의 일을 반복하고 고치는 중에 어느덧 도착한 그 기분과 관련 있는 건 아닐까? 어쩌면 성공은 한계가 확실한 상황에서 실체가 더 잘 보이는 건 아닐까?

자본주의가 지구를 장악할 수 있었던 것은 '개인의 욕망과 자유'를 동력으로 삼았기 때문이다. 그 무엇보다 강력한 개인의 자유의지 수호를 기반으로 승승장구하며 발전해온 것이다. 그런데 영원할 것 같았던 이 시스템이 계속 오류를 드러낸다. 물론 오랫동안 써온 시스템이니 이제 좀 고쳐 써야 할 때가 온 것은 당연하다. 다만 애초 이 시스템의 기반이었던 '개인의 욕망과 자유'를 지키는 것 자체가 점점 어려워진다는 것이 아이러니하게 느껴진다.

우리의 시스템, 즉 자본주의의 위기는 개인의 욕망과 자유가 지구 밖으로 넘치면서 시작됐다. 그리고 진즉 이 조짐을 눈치챈 1세계 국가들이 임시방편으로 '글로벌 자본주의'라는 대책 아닌 대책을 만들어 실행하면서 시스템 오류의 유예 기간은 계속 늘어났다. 글로벌 자본주의는 자원이 저렴한 곳을 찾아 생산을 계속하고, 그곳에서 생산되는 이윤이 그 나라 밖으로 이동하는 원리를 취한다. 이윤이 쌓이는 국가는 자본의 중심부가 되고, 이윤 없이 자원만 줄어드는 국가는 주변부가 되는데 자본주의의 오류는 여기에서부터 발견된다. 주변부에서 살아가는 개인의 욕망과 자유를 중심부에 빼앗길 확률이 높아진다는 점이다.

모든 개인의 욕망과 자유를 지키고자 탄생한 것이 자본주의라는 이야기는 힘을 잃어버렸다. 지금의 자본주의는 소수 개인의 욕망과 자유를 채워주는 데 열중하며, 우리는 소수의 개인이 되기 위한 환상 마라톤에 참여해 열심히 달린다.

애덤 스미스가 《국부론》을 통해 자본주의의 기틀을 만든 경제학자라는 것은 우리 모두 잘 아는 바다. 그런데 사실 《국부론》의 전제가 된, 잘 알려지지 않은 그의 또 다른 저서가 있으니 바로 《도덕감정론》이다. 이 책에서 그는 이기심이 아닌 공감 능력을 제대로 작동시켜 자본주의의 기반을 만들어야 한다고 주장했다. 그리고 바로 자본주의의 바이블 《국부론》을 출간하면서, '소수의 기득권자에게 허용된 특혜와 독점을 철폐하고 국민 대다수에게 경제적 자유를 허용해야 사회가 성장하고 강력해진다'는, 《도덕감정론》을 기반으로 하는 자본주의를 설파했다.

스미스는 지금 우리가 겪는 늙은 자본주의와 똑 닮은 상황을 살면서, 지금과 똑 닮은 불평등을 해결하기 위해 《국부론》을 쓴 것이다. 지금과 똑 닮은 불안에 대한 대안으로 자본주의라는 시스템을 고안했다니, 아무래도 그를 많이 오해했던 듯하다. "우리가 저녁식사를 기대할 수 있는 것은 푸줏간 주인, 양조장 주인, 빵집 주인의 자비 때문이 아니라 그들이 각자의 이익을 추구하기 때문이다"라는 그의 글에서 성실하고 따뜻한 일상이 연상됐던 것도 우연은 아닐 것이다. 어떤 이는 그가 쓴 '보이지 않는 손'이라는 표현이 사실은 '보이지 않는 따뜻한 손'이었다고 말하기도 한다.

레스토랑 파트타임 이야기에서 시작해 다소 비약적인 생각의 흐름을 적어보았다. '어떻게 해야 성공할 수 있을까', '어떻게 해야 계속 성장할 수 있을까'라는 지극히 개인적인 삶의 고민과 궁금 증을 해소하기 위해 세상의 시스템을 들여다보고 《국부론》에 관심을 가지게 된 것이 스스로도 흥미롭다. 나는 어릴 적부터 경쟁에서 살아남는 훈련을 충실히 받으며 자랐고, 경쟁이 극대화된 브랜딩의 세계에서 일해왔기 때문에 사실 자본주의의 근본을 다시 생각해보자고 말하는 내 자신이 어색하기도 하다.

하지만 이 어색함을 무릅쓰고 꽤나 안 어울리는 거시적인 이야기를 꺼낸 이유는 나와 비슷한 고민을 하는 사람들을 만나 알게 된 재미있는 세계관을 나누고 싶어서다. 자본주의는 사회주의의 반대말이라거나 공산주의와 어울리지 않는 시스템이라는 교과서적인 이야기에서 벗어나 우리가 지금 살고 있는 시스템을 다양한 관점으로 바라보고 해석하는 이들, 이 시스템의 한계를 극복하고 대안을 제시하려 노력하는 이들을 만났던 이야기 말이다.

내가 이 세계를 처음 알게 된 것은 삶과 일의 고민이 폭증했던 때에 홀쩍 떠난 짧은 유학을 통해서였다. 그 시절의 나는 디자인, 브랜딩, 전략이나 경영 중 어떤 분야에서도 성장에 대한 고민의 실마리를 찾을 수 없을 거라는 자포자기 상태에 빠져 있었다. 자연히 고민과 의심의 크기만큼 내게 맞는 방법을 찾기 위한 절박함도 차올랐다.

그동안 너무도 당연하게 여겼던 것들을 철저하게 뒤로하고, 나를 구해줄 새로운 관점의 세계관을 발굴하기 위해 처음 듣는 강의와 안 읽던 책을 향해 폭주하기 시작했다. 그리고 이 답답함과 폭주는 영 미스터리한 학교에 우발적으로 지원서를 내도록 만들었다. 실제로 이 학교에서 워크숍 같은 단기 코스가 아닌 일 년 이상의 코스를 수료한 한국인은 내가 처음이라고 했으니, 신중하게 돈을 쓰는 한국인들이 좀처럼 가지 않을 법한 정체불명의 곳이라고 보면 된다. 영국에 살고 있는 친구조차도 학교 이름은커녕, 학교가 있는 도시 이름도 처음 들어본다고 했다. 이 '미스터리한 학교'란 바로 세계 최초의 전환마을로 불리는 영국 데본주 토트네스Devon, Totnes라는 마을에 있는 슈마허칼리지Schumacher College다.

"작은 것이 아름답다"는 말로 유명한 에른스트 프리드리히 슈마허의 철학을 기반으로 만들어진 이 학교는 살아가는 방법을 바꾸고 싶은 사람들이 모여드는 곳이다. 그중 내가 수강한 코스는 정식 전공이 아닌 조금 특별한 테마를 가졌는데, '라이트 라이블리후드Right Livelihood'라는 이름의 이 코스를 나는 '온전한 생계'

라 번역하고 싶다. 삶의 전환기를 맞이한 사람이 앞으로 자신의 길을 찾아갈 수 있도록 돕는 것을 목표로, 영국과 부탄에서 이에 관련된 관점을 공유하고 자신만의 프로젝트를 진행하는 과정이었다. 수업 내용도 좋았지만, 무엇보다 이곳에서 흥미로운 사람들을 만나며 삶에 대한 풍요로운 관점을 얻은 것이 가장 큰 성과였다. 당연히 떠나기 전의 나와 비교하면 크게 달라질 수밖에 없었고, 내 안의 답답함도 꽤 많이 해소할 수 있었다.

이 코스를 직접 만들고 튜터로 참여한 줄리는 매력적이고 멋진 교수였다. 그녀는 슈마허칼리지 전환경제학economics for transition(지금은 재생경제학regenerative economics으로 명칭이 바뀌었다) 전공 학장으로, 오랜 세월 슈마허칼리지와 함께한 산증인, 학교를 둘러싼 대부분의 네트워크를 관장하고 기획하는 '핵인싸', 지성미 넘치는 좌파 히피 할머니였다. 말투는 다정하고 우아한데 이야깃거리는 더없이 혁신적인 사람 정도로 상상해보면 좋다.

그녀는 젊은 시절부터 정통 경제학을 공부했지만 지금은 새로운 경제학을 연구하고 있다. 글로벌 자본주의의 주변부인 아프리카, 아시아에 있으면서 정통 경제학이 더 나은 삶을 만드는 데 기여하지 못한다는 것을 깨닫고 생긴 변화였다. 전환경제학을 연구하면서 그것이 개인의 삶에서 일으킬 수 있는 변화에 대한 관심이 생겨 만든 과정이 바로 '라이트 라이블리후드' 코스였던 것이다. 줄리는 '대안경제'라는 주제가 이렇게나 안정적이고 따뜻한 목소리로 전해질 수도 있다는 생각을 하게 해준 사람이었다. 그녀 덕분에 대안경제에 대해 관심을 갖게 된 것은 행운이었다.

델라는 줄리의 젊은 시절일지도 모른다는 상상을 하게 만드는 친구다. 내가 코스를 수강하면서 가장 다양한 이야기를 나눈 사람이기도 하다. 그녀는 슈마허칼리지에서 전환경제학을 전공하고 바로 우리 코스의 조교로 영입됐는데, 영국에서 공부하기 전에는 샌프란시스코에서 성폭력 피해자를 위한 비영리기관에서 일했다고 한다. 정말 앉아서 듣는 것조차 괴로운 성폭력 피해 사례들을 상담하고 해결하면서 이 사태의 솔루션은 더 근본적인 데 있을 거라는 생각에 슈마허칼리지를 찾았다고 했다. 그녀는 그렇게 전환경제학 공부를 시작했고, 연구를 이어가기 위해 신설된 코스에 합류한 것이다.

델라와 줄리의 공통점은 밝고 행복한 히피 같은 에너지가 느껴진다는 것이었다. 지금까지 내가 경험한 적 없는 종류의 긍정적인 에너지였다. '새로운 경제학'이라는 개념과도 일맥상통하는 느낌이랄까. 이미 발을 들인 우리의 시스템에서 오류를 찾아내 고치고 가능성을 발굴해 좋은 방향으로 끌고 나가려는 노력이 주는 에너지다. 이 에너지는 밝고 힘차며 동시에 반항적이고 예리하다. 델라와 줄리가 세상의 어두운 부분을 경험하면서 커리어를 시작했음에도 힘든 경험에 갇히지 않고 근본적인 해결책을 찾는 쪽으로 삶을 전환할 수 있었던 것도 바로 강하고 밝은 에너지의 힘일 것이다.

슈마허칼리지에서 공부하는 내내 델라와 줄리에게 대안자본주의 혹은 대안경제 시스템 이야기를 들으면서 마음이 안정되는 기분이 들었다. 강력하게 뿌리 내린 지금의 경제 시스템이 드러내는 오류에 대한 대안을 찾을 수 있다는 가능성을 이들 덕분에 맛봤고, 실체적인 상상을 할 수 있게 됐기 때문이다.

미래의 성공에 대해 좀 더 여유를 갖고 즐겁게 상상하는 능력은 오늘과 내일을 연결할 줄 아는 공부에 달렸다고 믿는다. 경제가 우리의 삶에 미치는 영향력을 새삼 떠올려보면, 삶의 전환기를 잘 극복하려는 이들에게 대안경제학 공부를 강력 추천하고 싶어질 정도다. 이 마음을 나누는 취지에서 몇 가지 대안경제 시스템을 간단하게 소개한다.

도넛 경제학은 가장 대표적인 전환경제학의 모델이다. 도넛 모양을 중심으로 새로운 시스템이 균형적으로 성장하기 위한 조건을 보여주면서, 불균형 형태의 조직이나 사회가 균형을 이루도록

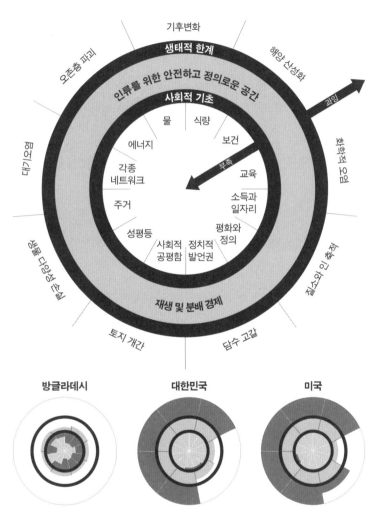

기후변화

해양 산성화

오존층 파괴

생태적 한계

인류를 위한 안전하고 정의로운 공간

사회적 기초

물　식량

에너지　　보건

각종
네트워크　무족

주거　교육

소득과
일자리

성평등

평화와
정의

사회적　정치적
공평함　발언권

재생 및 분배 경제

대기오염

생물 다양성 손실

토지 개간　담수 고갈

질소와 인의 축적

화학적 오염

과잉

방글라데시　　대한민국　　미국

전환경제학의 대표격인 '도넛 경제학(doughnut economics)'은 영국의 경제학자 케이트 레이워스(Kate Raworth)가 창안한 모델이다.

하는 직관적인 방식을 사용한다.

도넛의 안팎으로는 여러 조건이 적혀 있다. 도넛의 안쪽은 사회적으로 갖춰야 하는 조건으로 채워져 있는데 에너지, 물, 식량, 보건, 교육, 소득과 일자리 등 모든 사람이 누려야 할 최소한의 조건이다. 도넛의 바깥쪽은 지구 생태계의 환경적 조건에 대한 것들이다. 인류의 생존을 위해 지켜져야 할 기준으로 기후변화, 오존층 파괴, 대기오염 등이 이에 해당한다.

균형 잡힌 조직이나 사회는 완벽한 도넛 모양을 이룬다. 도넛의 안팎에 적힌 조건들, 즉 사회적인 기초를 충족하는 동시에 환경적인 기준을 넘지 않는 영역을 지키기 때문이다. 도넛 모양을 유지한다는 것은 사람들이 안전지대에서 살고 있다는 의미로 해석할 수 있다. "도넛이 되자!"라는 귀여운 말을 내뱉고 싶어지게 하는 도넛 경제학은 UN, 각국 정부 그리고 교황까지도 강력하게 추천하는, 지구의 모든 사회가 사용해 마땅한 모델이라는 평가를 받는다.

도넛 경제학보다 조금 더 우리에게 친근한 '순환 경제학circular economics'은 단어만 들어도 그 구체적인 액션이 저절로 떠오른다. 나는 순환 경제학의 도식을 보고 화살표가 원형으로 계속 돌아가는 재활용 마크가 떠올랐는데 순환 경제학의 아이콘도 비슷

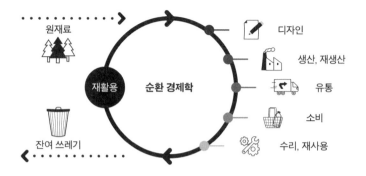

한 모양이라 하니, 자원 재활용과 자원 순환이 핵심인 것은 분명하다. 순환 경제학의 개념을 살펴보면 한 번 쓴 자원을 어떻게든 계속 쓰는 것을 목표로 하는데, 라이프스타일과 산업 전반을 포함하여 이 행동을 촉진시킨다. 순환 경제학의 원형 구조는 '취하고, 만들고, 버리는' 현 자본주의의 선형 구조와 비교되기도 한다. 순환 경제는 다양한 're(다시)' 활동들을 촉발하는데, '다시 쓰고 reuse', '나누고sharing', '고치고repair', '재단장하고refurbishment', '재생산하고remanufacturing', '재활용하는recycling' 것들이 그 구체적인 요소다. 한 번 사용한 자원, 즉 원재료의 생애를 re 활동으로 계속 이어가면서 폐기물을 가능한 최소화한다는 원칙을 기반으로 하는 경제 시스템이다.

커먼즈 경제commons economy는 종종 공유 경제sharing economy와 비슷한 의미로 쓰인다. 커먼즈 경제와 공유 경제는 공간, 도구, 서비스 등의 자원을 소유자가 독점하지 않고 함께 사용할 수 있는 시스템을 만들어 과도한 생산과 소비를 지양하고, 부족한 자본과 다양한 니즈를 충족시킨다는 공통점을 지닌다. 여러 사람이 연결된 플랫폼을 활용해 자원을 알차게 사용하자는 것이다.

커먼즈 경제는 여기서 한발 더 나아가 운영자와 사용자를 일치시킨다는 특징을 가진다. 사용하는 자원에 대해 더욱 책임감을 갖고 관리하면서 커뮤니티의 성격을 강화하는 방식이다. 이런 특징은 커먼즈 경제를 자연스럽게 '로컬 경제local economy'로 발전하게 만든다. 지역에 사는 사람이 주도적으로 지역사회를 만들어가면서 경제 시스템을 구축하는 로컬 경제는, 지역이라는 물리적 울타리 속 사람들이 협의를 통해 지역의 자원을 생산하고 공유하면서 지속가능한 성장을 꾀한다.

균형을 잃은 사회 시스템을 바로잡기 위해 대안을 발 빠르게 제시하는 노력은 이렇듯 여러 방식으로 계속되고 있으며, 세계 곳곳에서 실제로 적용되어 사례를 쌓아가고 있다.

수많은 대안경제학이 탄생한 것은 단 하나의 정답을 찾기 위해서가 아니다. 유사한 정답을 시도하고 피드백을 경험하면서 다음 단계로 차근차근 나아가는, '정답을 향한 여정'을 이어가는 것이다. 시스템을 부정하거나 전복시키는 것도 아니고, 시스템을 인정하기 위해 눈을 가리는 것도 아닌 '한계 안에서 최선'을 만들어가는 방식이다.

'이 정도는 돼야 성공'이라고 돈으로 기준을 따지고 있노라면, 시간이 흐를수록 성공이 나에게서 점점 멀어지는 기분이다. '성공은 다음 생에'라는 말을 써야만 할 것 같은 요즘, 새로운 경제학이 보여주는 사례를 하나씩 들여다보면 마음속에 느낌표가 뜬다. '성공적인 사회'를 만드는 조건들이 이토록 다양하다니, 그리고 그것들을 전 세계에서 지켜보며 따라 하고 있다니 성공에 대한 내 기준도 다시 들여다보게 되는 것이다. 개인의 성공에 대해서도 좀 더 다양한 측면으로 따져본다면, 대안경제학자들처럼 내 삶의 경제 시스템에 대한 새로운 기준이나 아이디어를 만들어볼 수 있지 않을까. 어쩌면, 이번 생에 성공할 수 있을지도 모르겠다!

우리 브랜드와 연결된
ESG 키워드를 찾아라

ESG 평가에 가장 영향력 있는 지표를 제공하는 MSCI(모건스 탠리캐피털인터내셔널)에서는 총 35개의 ESG 키워드를 제공한다. ESG와 연결된다는 것이 생각보다 훨씬 구체적이고 현실적인 이야기라는 것을 이 35개의 키워드에서 알 수 있을 것이다.

환경				사회				지배구조	
기후 변화	천연 자본	오염/ 폐기물	환경적 기회	인적 자원	제품 책임	이해관계 상충	기회 균등	회사 지배구조	기업 행동
탄소 배출	수자원 사용량	독성 물질 배출 및 폐기물	클린 테크	노사 관계	제품의 안전성/ 품질	윤리적 자원 조달	커뮤니 케이션 접근성	이사회 구조	기업 윤리
제품의 탄소 발자국	생물 다양성/ 토양 이용	포장재 및 쓰레기	친환경 건축	건강과 안전	화학 물질로부 터의 안전	지역 사회와의 관계	금융 접근성	보상/ 급여	조세 투명성
금융 환경 영향	원재료 조달	전력 사용량	재생 에너지	인적자원 개발	소비자에 대한 금융 보호		헬스케어 접근성	이사회	
기후 변화 대응				공급망 내 근로기준 법 준수	개인정보 보안		영양/ 보건의 기회	회계	
					책임 있는 투자				
					건강 및 인구 통계학적 위기 보장				

물론 조금은 말랑말랑하고 포괄적인 이슈도 있다. ESG를 탄생시킨 UN의 SDGs, 즉 "지속가능한 발전 목표"가 그렇다. SDGs의 하위 17가지 항목을 찾아보면 훨씬 구체적인 이야기를 만날 수도 있다. 궁금하다면 한번 찾아보는 것도 재미있을 듯.

이 중에서 우리 브랜드와 가장 가까운 항목들은 무엇인가? 지금 당장은 없더라도 괜찮다. 만약 눈에 들어온 단어가 있다면, 그것들이 지금 어떤 기준으로 평가되고 있는지 시급성과 주요 어젠다를 중심으로 알아보자. 어떤 일들이 벌어지고 있는지도 검색해 보자. 뭔가 좋은 아이디어를 발견할지 모르니 말이다.

2장

계속 성장하는 브랜드가 되려면

대체 뭐 하는 브랜드냐고?

우리 브랜드의 의도 정하기

'고유명사 치매'라는 농반진반의 말이 있다. 어떤 고유명사가 유독 떠오르지 않을 때 쓰는 단어다. "아! 그거 있잖아"라며 어떻게든 대화를 이어가려고 애쓰는 이때를 놓칠세라 친구들이 놀릴 때 쓰는 말이기도 하다. 놀림을 당하지 않기 위해 어떻게든 생각해내겠다는 오기가 생겨서 "이런 거 말이야", "그거 있잖아. 그거"라며 퀴즈 내듯 설명을 해보기도 한다. 이 퀴즈의 승패는 스피드다. 가장 쉽고 빠르게 설명해야 한다. 설명이 더해질수록 대화는 지루해지고 재미가 떨어지니까. 자칫하다가는 이제껏 했던 이야기까지 몽땅 잊어버릴 수도 있다.

함께 공부했던 동기들과 오랜만에 휴가 날짜를 맞춰 전 세계에서 모여들어 일주일 동안 같이 지내기로 했다. 졸업하고 일 년쯤 지나 만나는 자리였으니 그동안 있었던 일들을 업데이트할 생각에 마음이 들떴다.

우리에게는 각자 알려주고 싶은 '좋은 것'을 소개하면서 사용을 권하는 습관이 있는데, 이번엔 또 다들 무엇을 보여주고 어떤 이야기를 들려줄지 만나기 전부터 기대가 됐다.

나도 자신 있게 소개할 만한 걸 들고 가야겠다는 생각에 머리를 굴리게 된다. 최종 선택은 초콜릿이다. 내가 가장 좋아하는 초콜릿을 면세점에서 잔뜩 샀다. 일주일을 함께 보내는 동안 여럿이 넉넉히 먹어야 하니 종류별로 왕창 사버린다. 도착해보니 역시 테이블 위에는 이것저것 잔뜩 올려져 있고, 예상대로 먹을 것이 대부분이다. 피식 웃으면서 사온 초콜릿을 펼쳐놨다. 우리는 전 세계에서 모인 봇짐장수들처럼 즐겁게 떠들어대며 맛있는 것, 좋은 것들을 나누며 시간을 보냈다.

신나게 일주일을 놀고 헤어진 뒤 한참이 지나 단톡방에서 한 친구가 "어, 그때 지인이가 사온 초콜릿 이름이 뭐였지? 맛있었는데?"라고 말을 꺼낸다. 순간 정적과 함께 '단체 고유명사 치매' 상황이 왔다. 모두가 "음⋯어⋯아⋯"를 계속하던 중 한 친구가 "이름은 기억이 안 나는데 '100% SLAVE FREE CHOCOLATE'이라고 쓰여 있었어. 그건 기억나!"라고 실마리를 던진다. 아! 맞다! 하면서 다들 하하하 웃어버렸다. 휴가 때도 초콜릿에 적힌 그 카피를 읽고 다 같이 웃었던 기억이 난다. "SUGAR FREE도 아니고 100% CACAO도 아니고 100% SLAVE FREE라니! 정말 위트 있는데!"라면서. 그 순간 그날의 느낌이 다시 떠올라서 덩달아 즐거워졌다. 우스운 건 그냥 그렇게 대화가 끝났다는 거다. 이름이야 뭐, 필요한 사람이 알아서 찾겠지 하면서.

브랜드 네이밍 워크숍을 할 때 가장 중요한 건 '기억나는 이름'이라고 늘 강조한다. 그런데 정작 이런 브랜드명 치매 현상을 겪을 때면 그런 말을 자신 있게 하던 나를 떠올리며 멋쩍게 웃게 된다. 네이밍을 잘못해서 브랜드명이 기억나지 않는 경우는 생각보다 드물다. 그저 우리가 너무 많은 브랜드와 함께 살아가기에 기억하기 힘들 뿐이다. 그렇기 때문에 갈수록 자신의 브랜드를 기억시키기 위해 필사적이 되는 게 아닐까. '그거 있잖아'로 시작하는 미궁에서 빠져나올 수 있는 실마리를 잔뜩 제공하겠다는 마음으로 네이밍, 슬로건, 로고, 컬러뿐 아니라 유명 모델과 인플루언서까지 동원해서 말이다. 어떻게든 기억해달라고.

하지만 이런 실마리도 많아질수록 임팩트가 줄어드는 법. 사실

토니스 초코론리 초콜릿 중 내가 가장 좋아하는 씨솔트맛

토니스 초코론리 전 제품에 들어가는 '100% SLAVE FREE CHOCOLATE' 마크

우리에게 필요한 것은 딱 하나뿐이다. 이 브랜드가 대체 뭔지, 그 핵심을 밝히는 한마디.

미궁에 빠졌던 100% SLAVE FREE CHOCOLATE, 즉 '노예노동 없는 초콜릿'의 정체는 바로 '토니스 초코론리TONY'S CHOCOLONELY'라는 네덜란드 초콜릿 브랜드다. 이 브랜드를 만든 툰 반 드 쿠켄Teun van de Keuken은 원래 기자로 일했다. 브랜드를 만들기 6년 전인 2009년, 서아프리카 카카오 농장의 노동 실태를 취재할 기회가 생겨 그는 농장들을 직접 방문해 취재하게 된다. 그리고 세상 대부분의 초콜릿이 노예노동을 기반으로 생산된다는 사실을 알게 된다. 이 취재를 계기로 그는 "초콜릿을 먹는다는 것은 아프리카 어린이 노동자를 가해하는 행동과 같다"는 주장을 펼치기에 이르렀다.

언론을 통해 카카오 농장의 현실을 알리던 쿠켄은 확실한 결과를 만들기 위해 공정한 노동으로 생산하는 초콜릿을 만들기로 마음먹는데, 이것이 바로 토니스 초코론리의 탄생 스토리다. 카카오 농장의 참혹한 현실을 목격하고 충격받아 더 적극적으로 문제를 해결하기 위해 삶의 방향을 바꾼 것이다.

토니스 초코론리의 비즈니스 모델은 아주 단순하다. 초콜릿을 제값 주고 만들어서 제값 받고 파는 것이다. 그런데 노예노동으로 만들어지지 않은 초콜릿은 기존 생산 시스템을 벗어난 셈이라, 이 제품의 제값 기준은 기존 초콜릿보다 비쌀 수밖에 없다. 왜 이 초콜릿은 다른 브랜드보다 비쌀 수밖에 없으며, 왜 이 가격이 제값이라 말하는가? 그 이유를 세상에 밝히기 위한 브랜드의 여정이 시작되는 지점이다. 이유를 이야기하기 위해서는 들어줄 사람이 필요한 법. 초콜릿에 숨겨진 이야기를 들어줄, 아니 먹어줄 사람을 찾아 떠나는 여정이다.

토니스 초코론리는 재미있는 맛과 먹음직스러운 모양으로 사람들의 눈과 입을 유혹하고, 사회적인 발언을 할 줄 아는 똑똑한 초콜릿이 되어 사람들에게 자극을 주고, 친구 많고 유쾌한 인기 초콜릿이 돼 더 많은 사람들에게 영향력을 발휘하기 위해 노력한다. 브랜드 스토리 널리 알리기, 기발하게 맛있는 레시피 개발하기, 공정무역 기반의 생산 및 물류 시스템 구축으로 지속적인 사업 사이클 다지기, 인종차별주의 반대운동을 주도하기까지 브랜드가 개입하는 분야를 폭넓게 확장해왔다. 그들의 의도에 공감하는 다른 브랜드가 있으면 자신의 배에 태워 연대하는 것도 잊지 않았다. 좋은 브랜드가 할 수 있는 거의 모든 것을 한다 해도 과언이 아니다.

토니스 초코론리 공식 웹사이트의 뉴스 게시판에는 초콜릿보다 어린이 노동, 국제협약, 교육 등에 대한 이야기가 더 많이 업로드된다.

토니스 초코론리의 시작점에는 '창업자가 카카오 농장에서 목격한 현실'이라는 강력한 임팩트가 존재한다. 이 임팩트가 브랜드의 역사를 쑥쑥 성장시켰다. 초콜릿이라는 아이템을 팔고 싶어서가 아니라, 아프리카의 노예노동을 없애기 위해 토니스 초코론리가 만들어졌다는 사실 자체가 가진 힘이다. 사실 초콜릿의 이름은 무엇이어도 좋으니 노예노동을 없애겠다는 쿠켄의 말이 깊게 남는다. 이 정도면 고유명사 치매는 문제 될 일이 없다. 몇 번을 까먹어도 구글링 한 번이면 브랜드명을 찾을 수 있다.

브랜드의 시작점에서 우리가 해야 할 일은 목적goal을 정하고 문제problem를 발견하는 것이다.

그런데 잠깐, 그보다 먼저 확인해주었으면 하는 것이 있다. 브랜드를 시작하려는 혹은 시작한 의도intention가 무엇인지 밝히는 것이다. 목표와 문제는 정체가 또렷하다. 과정과 결과를 측정할 수 있고 평가도 가능하다. 이에 비해 의도는 마음가짐이나 태도, 느낌까지 포괄하며 감정적이고 내적이다. 늘 현재라는 시간성을 띠고 미래의 성취나 달성보다는 지금의 상태에 더 집중한다.

예를 들어보자. 한동안 벼르고 벼르던 서핑을 하러 가게 되었다. 몇 달을 기다리는 동안 기대감에 부풀어 만반의 준비를 하고 바다에 도착했다. 그런데 눈앞에 펼쳐진 바다가 너무하다. 내 능력으로는 도무지 타기 힘든 큰 파도가 계속 밀려오는 것이다. 감당할 수 없는 큰 파도라는 문제가 생겼고, 신나게 서핑하겠다는 목표에 차질이 생겼다. 이 문제를 해결하려면 파도가 잦아들기를 기다리거나, 서핑 실력을 키우거나, 포기하고 돌아가는 것 중에서 선택해야 한다.

선택에 따라 과정이 달라질 것이고, 목표에 대한 평가도 바뀔 것이다. 하지만 어쨌든 서핑을 하며 바다를 즐기고 싶은 마음은 그대로다. 심지어 큰 파도에서 신나게 서핑하는 고수들을 바라만 봐도 기분이 좋아질지 모른다. 계획이 미뤄지거나 변경되더라도

토니스 초코론리는 2013년부터 매년 토니스 페어(TONY'S FAIR)를 개최한다. 그들의 브랜드 의도와 결을 같이하는 사람들을 초대해 이야기를 나누고 힘을 모으는 연례행사다. 2021년에 는 벤앤제리스(Ben & Jerry's)의 CEO 매튜 매카시(Matthew McCarthy), 비건 콘돔 제조사 에 인호른(Einhorn), 유통업체 알디(ALDI), 가나의 임팩트 조직 코코아360(Cocoa360) 등의 인 물들을 초대해 '토니의 다음 단계(TONY'S NEXT LEVEL)'라는 주제로 온라인 토크를 열었다.

설령 목표를 이루지 못하더라도, 의도는 변함없이 독립적으로 존재한다. 좋아하는 서핑을 하기 위해 오늘을 기다렸고, 이 마음을 계속 즐기고 싶다는 의도는 사라지지 않는다.

브랜드의 의도는 브랜드가 존재해야 하는 이유에 감정이 더해져 만들어진다. 브랜드의 시작점에 섰을 때 이 브랜드가 존재해야 하는 이유에 어떤 감정이 담겼는지 느껴보자. 현대 뇌과학에 관심 있는 이라면 감정은 더 이상 컨트롤의 대상이 아니라 제대로 느끼고 활용해야 마땅한 재료라는 사실을 익히 들어왔을 것이다. 신경학자인 도널드 칸은 "감정과 이성의 본질적인 차이는, 감정은 행동을 낳고 이성은 결론을 낳는다는 것"이라 말한다. 그는 감정이야말로 '실질적으로 인간을 움직여서 결과를 맺게 하는 중요한 원동력'이라 강조한다. 실제로 뇌에서 감정을 처리하는 영역이 이성 영역보다 더 크고 처리 속도도 빠르다고 하니, 감정이 하는 일이 훨씬 중요하고 많을 거라는 추측을 하게 된다. 감정을 동반한 이성, 즉 의도를 갖춘 브랜드는 그 눈빛과 표정이 예사롭지 않다. 확실한 의도는 모든 계획과 여정, 즉 목적 발견이나 문제 찾기, 그리고 문제 해결까지 나아가는 길에 없어서는 안 될 존재다.

토니스 초코론리는 '카카오 생산을 둘러싼 노동 현장의 불법행위'라는 문제를 해결하기 위해 단계별 계획을 세우고, 각 단계에 맞는 목표를 하나씩 설정해 계속 성취하고 있다. 2005년부터 '의식을 만들고', 2012년부터 '사례를 만들고', 2019년부터 '함께 행동하기를 권유하는' 과정을 밟아가며 말과 행동으로 표현할 수 있는 결과를 만들고 있다.

그들의 웹사이트에 성실하게 적힌 히스토리를 둘러보고 있자면, 지금까지 쌓아온 결과물에 대한 감탄뿐 아니라 앞으로의 시간에 대한 기대도 몰려온다. 브랜드 여정의 중심에 한결같이 토니스 초코론리가 전달하는 단 한 줄의 약속, 모든 초콜릿에 큼직하게 적힌 '100% SLAVE FREE'가 존재하기 때문이다.

이들의 브랜드 스토리를 읽고 나면 이 한 줄의 존재감이 유난히 크게 다가온다. 카카오 농장을 취재하며 쿠켄이 느꼈을 좌절, 분노, 외로움과 같은 어두운 구석과 두근대는 마음이 뒤섞인 느낌이다. 브랜드명을 풀어보면 '토니의 초코와 외로움'이라는 뜻이니 그 마음이 오죽했을까. 이 브랜드를 시작할 때 그는 그렇게 외로웠다고 한다. 그리고 이 정도로 성공할 줄 몰랐다고 한다.

명확한 의도를 원동력 삼아 눈길을 끄는 성과를 이룬, 우리나라의 재미있는 옛 브랜드가 하나 있다. 역사에서 잊힌, 아니 제대로 조명받지도 못한 브랜드 같아 잠깐 애달퍼지지만, 곰곰이 생각해보면 그렇지만도 않다. 창업자가 미친 영향이 어떻게 주변을 변화시켰는지를 잘 살펴보면 말이다. 바로 우리나라 최초의 근대식 부동산 개발 사업을 시작한 건양사의 이야기다.

건양사의 창업 스토리는 참 흥미롭다. 창업자 정세권은 몰락한 권세가의 후손으로 어린 나이에 고향에서 공무원이 된(그리고 일제의 녹을 먹는 것에 회의를 느껴 2년 뒤 사임한) 1855년생의 총명하고 열정적인 청년이었다. 일제 강점기 시절 일본인이 계속해서 경성 도심의 토지와 주택을 사들이자, 그들로부터 땅을 지키고 동시에 일자리를 찾아 상경하는 조선인을 위한 충분한 주거시설을 마련하기 위해 정세권은 부동산 사업에 뛰어들기로 결심한다. 건양사라는 회사를 세우고 경성 도심 일대의 오래된 주택들을 사들인 후, 매입한 주택을 근대식으로 고쳐 조선인에게 임대하기 시작했다.

그는 변화하는 근대 생활양식에 맞추어 전통 한옥의 구조과 규모를 변경하고 일조량과 통풍을 개선하는 한편 상하수도와 같은 제반 시설을 개량해 효율성과 쾌적도를 높인 새로운 도심형 주택을 디자인하고 보급했는데, 이를 '새로운 조선집, 건양주택'이라는 브랜드로 만들어간다. 지금 북촌 한옥 대부분이 건양주택이라 봐도 무방할 정도로 북촌 지역 대부분을 건양사가 지켜냈다고 하니, 꽤 번창한 사업이었을 것이 분명하다.

정세권은 조선인의 주택난 해결이라는 목적을 이루기 위해 서민 중심으로 편의를 봐주는 주택융자를 직접 제공하기도 했다. 지금으로 치면 은행이나 정부에서 하는 대출 제도를 개인 회사 차원에서 진행한 셈이니 사회적 감각과 사업 능력을 두루 갖춘 사업꾼이었던 것이 분명하다. 그는 은행 대출 시스템을 잘 활용할 줄 아는 금융 감각을 갖췄는데, 당시 〈매일신보〉에 "나는 어떠케 성공햐앗나"라는 칼럼을 쓰면서 그 비결을 밝히기도 했다.

조선인의 자존심을 지키고 삶의 질을 향상시키는 것을 사업의 본령으로 삼은 그는 '조선물산장려운동'에 합류해 활동했는데, 이 운동이 소비 중심적 사고를 부추긴다는 세간의 비판을 받자 그 비판을 다시 원동력 삼아 신사업을 구상하게 된다. '소비만이 아닌 생산의 근본에서부터 조선의 뿌리를 지켜야 한다'는 관점으로 '장산사'라는 상점을 연 것이다. 장산사에서는 우수한 조선산 의복과 생필품을 큐레이션해 판매했고, 그 물건들의 가치와 함께 상점이 추구하는 삶의 방식을 담아 〈실생활〉이라는 잡지도 발행하게 된다. 정세권은 우리말을 지키는 '조선어학회'를 지원하기도 했는데, 자신의 땅에 건물을 새로 지어 학회에 제공하고 《우리말 큰사전》의 발간을 후원하며 학교도 설립하는 등 여러 분야에 걸친 활동과 기부로 사회를 바꾸어가는 노력을 했다고 한다.

이 모든 이야기를 알게 된 후의 멍한 기분을 아직도 기억한다. 건양사와 장산사의 창업자이자 〈실생활〉의 편집장이며 조선물산 장려회와 조선어학회의 주력 멤버였던 정세권은 조선을 지키기 위한 사업을 펼친 실용적 야심가였다. 의식주라는 현실세계에서 부터 조선인의 정신세계까지, 그야말로 통합적인 라이프스타일을 세상에 구현한 기업가이고 운동가였다. 영리·비영리 활동을 통해 사업의 이윤과 가치를 동시에 추구한 NFP 전문가이기도 했다. 그 의 이야기를 읽다 보면 라이프스타일 잡지 〈킨포크〉와 미국 오리 건주의 도시 포틀랜드가 떠오른다. 요즘 유행하는 온갖 힙한 방 식의 부동산 개발과 로컬 브랜드가 오버랩된다.

한 사람 혹은 하나의 브랜드가 다양한 영역을 넘나들며 활동 하는 것을 그저 보는 것만으로 숨찰 때가 있다. '저 많은 걸 혼자 서 다 한다니'라며 고개를 설레설레 흔들게 되는데 정작 당사자 는 "그렇게 힘들지 않은데?" 하며 웃는 모습을 자주 보았다. 대체 이 간극은 무엇일까. 힘들어 보이는데 당사자는 하나도 힘들지 않 다니 도무지 모르겠다. 하지만 분명히 예측할 수 있는 것은, 많은 일을 하나의 결과물로 엮어내기 위해선 길고 튼튼한 실이 필요하 다는 사실이다. 그것은 전략, 체력, 환경과 같은 객관적인 조건을 뛰어넘는 그 무엇이다. 나는 이 두터운 실이 바로 의도라고 생각한다.

정세권은 "일본인이 종로에 발붙이지 못하게 할 것이다"라는 말을 늘 입에 달고 다녔다고 한다. 나중에는 이 말이 그의 일과 삶의 의도로 맴돌게 된다. 화끈하고 시원시원해서 머뭇거림이 조금도 느껴지지 않는다. 물론 나중에는 이 말이 귓가에 씁쓸하게 맴돈 적도 있다. 그가 결국 일제에 모든 재산과 건축권을 빼앗기고 시골로 쫓겨나 가족 없이 홀로 외롭게 생을 마감했다는 것을 알아버려서다. 험한 시절, 자신의 의도를 내려놓지 않고 최선을 다한 그의 영혼에 존경의 목례를 보낸다.

정세권이 세운 의도는 일제 강점기를 살아가야 했던 강직한 사업가의 것이었다. 그리고 지금 우리에게는 지금의 시대에 맞는 우리의 몫이 있다. 어떤 시대도 아닌 지금을 살아가는 우리만이 품을 수 있고 만들 수 있는 의도 말이다.

요즘 좋은 브랜드가 뭐가 있나 하며 호기심이 올라올 때면 늘 검색하는 것이 있다. 배우 레오나르도 디카프리오가 최근 직접 투자하거나 소개한 회사들이다. 그는 배우뿐 아니라 환경운동가로도 유명한데, 실질적이고 구체적인 변화를 일으킬 수 있는 기술 기반 사업체에 관심이 많아 종종 자신이 응원하는 회사들을 홍보하기도 한다. 내가 좋아하는 오션클린업The Ocean Cleanup도 그의 추천으로 알게 됐다.

열여섯 살 네덜란드 소년 보얀 슬랫Boyan Slat은 어느 날 바다에서 수영을 하던 중 큰 충격에 빠진다. 바닷속에서 물고기보다 더 많은 쓰레기를 마주했기 때문이다. 그날부터 그는 온통 바다 쓰레기 문제를 해결할 생각에 사로잡히게 된다. 그리고 자신만의 연구를 시작한다. 바다 쓰레기 없애기 프로젝트를 만들어 2년째 진행하던 어느 날, 그는 테드TED에서 바다 플라스틱 쓰레기의 심각성을 알리고 자신의 연구 내용을 발표할 수 있는 기회를 얻는다.

2012년 TEDx의 보얀 슬랫 영상은 크게 바이럴을 타 많은 사람들의 관심을 받았고, 한 해 뒤인 2013년에는 급기야 대형 투자를 유치해 오션클린업이라는 조직을 만들게 된다. 그리고 본격적으로 바다 쓰레기 없애기 활동을 시작한다.

오션클린업의 아이디어는 이렇다. 해류의 흐름을 파악해서 바다 쓰레기가 움직이는 방향을 미리 예측한다. 쓰레기 수거 시설을 이에 맞추어 설치하면 해류를 타고 온 쓰레기가 모인다. 거의 자동에 가깝게 바다 쓰레기 청소가 된다는 원리다. 이 아이디어는 전 세계 사람들의 관심을 받기에 꽤 설득력 있었고, 사람들은 자신들이 해내지 못할 일을 이들이 꼭 해주기를 바라며 기부 펀딩에 적극적으로 참여했다. 나사NASA도 위성 데이터를 제공하며 바다 쓰레기 수거 계획에 동참했다. 오션클린업은 극찬을 받으며 화려하게 세상에 데뷔했다.

leonardodicaprio

좋아요 53,378개

leonardodicaprio The world's first Ocean Cleanup Array designed to remove plastics from the oceans will start cleaning waters along the coast of Japan in 2016. http://america.aljazeera.com/articles/2015/5/29/first-ocean-cleanup-system-to-be-deployed.html Photo c/o The Ocean Cleanup

댓글 988개 모두 보기

2015년 6월 10일

오션클린업의 첫 번째 모델 윌슨(Wilson). 지금은 사용하지 않는다.

하지만 이들의 첫 번째 수거 모델은 거듭 난관에 봉착했고, 결국은 운영을 중지한다는 결론에 이른다. 사람들은 실망감을 드러내며 '실패'라는 단어를 입에 올리기 시작했다. 애초에 불가능한 일이었다며, 그럴 줄 알았다며 사람들이 입을 모았고 겉핥기식 솔루션이라는 비판도 거세졌다. 이런 분위기에 그들의 활동을 즐겁게 지켜보던 나도 덩달아 초조해졌다. 응원할 때와 비판할 때의 온도차가 이렇게나 클 수 있나 싶어 속상했다.

실망에 잠겨 관심을 끄고 시간을 보내던 어느 날, 오션클린업은 인스타그램을 통한 발랄한 발표와 함께 반가운 소식을 전해왔다. 내용인즉슨, 첫 번째 모델을 시도하며 계속 조사해보니 바다의 플

실패를 딛고 재도전에 성공한 오션클린업의 강 쓰레기 수거 모델 '인터셉터(Interceptor)'
의 모습이다.

라스틱 쓰레기가 대부분 강에서 나온다는 걸 알게 됐고 결국 바
다 대신 강을 청소하는 모델을 만들었다는 거였다. 강에서 바다
로 쓰레기가 빠져나가기 전에 한번 잡아보겠다며, 전보다 더 민첩
한 모양새를 갖춘 배의 사진을 올렸다. 이번에는 영국 밴드 콜드
플레이의 펀딩을 받았다고 했다.

그렇다. 그들은 누가 뭐라 하든 뚝심 있게 연구를 계속했던 것

이다. 반가웠다. 강의 쓰레기를 수거하는 모델은 다행히 지금까지 별 탈 없이 잘 작동하고, 성과도 나왔다. 어쩌면 그들에게는 별 상관없는 이야기겠지만, 예전의 평판도 되찾았다.

그런데 이게 끝이 아니었다. 뉴스가 하나 더 있다. 첫 번째 모델로 전전긍긍 노력하던 동안 바다에서 모은 플라스틱 쓰레기로 선글라스를 만들었다. "이걸 하나 사면 그 돈으로 축구장 크기의 바다를 청소할 수 있어!"라는 말로 사람들을 유혹하며 선글라스 펀딩을 시작했다. "첫 번째 선글라스는 아시아까지 배송은 힘들겠어, 미안"이라는 글을 읽고 나서도 도무지 소유욕을 누를 수 없었던 나는 마침 외국에서 돌아오는 친구에게 부탁, 말 그대로 '예쁜 쓰레기' 녀석을 손에 넣었다. 처음으로 오션클린업에 펀딩도 한 셈이 됐으니 무척 뿌듯했다. 이 자리를 빌려 선글라스를 사다준 친구 존에게 고마움을 전한다.

더 놀라운 사실은 그들이 두 번째 바다 쓰레기 수거 모델인 SYSTEM 002, 일명 제니Jenny를 발표하면서 2021년부터 바다에서의 활동을 재개했다는 것이다. 바다 쓰레기는 결코 포기하지 않는다며 첫 번째 모델의 오류를 고쳐 업그레이드했다고 한다. 괜히 나 혼자 사람들의 비판을 들으며 씁쓸해했구나 싶을 만큼 오션클린업은 다시 산뜻하게 궤도에 올라 오늘도 열심히 강과 바다

쓰레기를 열심히 모아서 만든 선글라스를 쓴 오션클린업의 사람들. 가장 왼쪽이 창업자인 슬랫이다.

를 청소하니, 본받고 싶은 마음뿐이다.

　오션클린업의 저력은 슬랫이 바다를 수영하며 경험했던 충격과 당황이라는 감정에 기반을 둔다. 이 감정을 바탕으로 그가 파고든 연구 결과에 사람들의 기대가 더해져 오션클린업이라는 단체의 의도로 이어졌다. 물속에서 쓰레기를 수없이 마주쳤을 때의

'쓰레기에서 보물로(from trash to treasure)'라는 슬로건으로 오션클린업의 재생 플라스틱 제품이 탄생했다.

슬픔과 공포, 분노는 어쩌면 사람이 느끼는 보편적인 감정이다. 그렇기에 많은 사람들이 합류하고 응원하고 기대할 수 있었던 것이다. 기술적인 연구들이 계속 난관에 부딪히고 실패를 인정해야 하는 시기를 겪으면서도, 이 강렬한 감정이 담긴 의도를 모두가 마음속에 품었기에 계속 다시 시도하고 다른 형태의 성공을 성취할 수 있었던 것이다. 거대한 지구의 문제인 만큼 앞으로도 방해물은 계속 생길 것이고 또 다른 한계에 부딪히겠지만, 그날 슬랫이 수영하면서 만들어낸 강력한 오션클린업의 의도는 변함없이 작동하며 이들을 지지해줄 것이다.

브랜딩의 시작에서 4Pproduct, place, price, promotion를 분석하는

것이 가장 전통적인 방법이었다면, 최근에는 'why-what-how' 라는 세 가지 요소를 기반으로 근본을 살피는 심층 인터뷰/워크숍 방식이 성행한다. 이런 방법들은 새롭게 출발하는 브랜드의 시작과 의도를 파헤치겠다는 목표 아래 실행된다. 시작점을 제대로 규명하지 못한 채 나아가는 브랜드의 생존율은 낮아질 수밖에 없다는 것을 알기에 더욱 철저히 말이다.

하지만 시작점을 잘 찾아냈다 해도 그 이후가 관건이다. 애써 찾아서 키워낸 시작점의 불씨를 꺼뜨리지 않고 브랜드의 온기가 지속되도록 불씨를 지켜내는 것 말이다. 담당자가 바뀌고 심지어 대표가 바뀌더라도 브랜드의 삶은 계속돼야 하기 때문이다. 브랜드를 만들면서 세운 모든 계획과 목표를 수정해야 하는 혼란이 생겨도, 금세 마음을 바로잡고 앞으로 무엇을 해야 할지 알아채고 행동에 옮기게 하는 무언가가 필요하다. 세간의 평판이 나빠지고 투자가 부진해져도 낙담하지 않고 현명하게 방법을 찾아가야 한다. "그럼요. 당연하죠"라고 자신 있게 답할 수 있나? 그렇다면 그 브랜드는 분명 의도에 대한 답이 있을 것이다.

브랜드의 의도는 감성과 결합한 이성을 연료 삼아 에너지를 스스로 만들어내는 컨트롤타워다. 에너지 자립을 하고 있기 때문에 자신감이 끊길 염려가 없다. 언제나 살아남는 불씨는 꺼지지 않는

성화가 된다. 의도는 신념으로 성장한다.

바다의 플라스틱 쓰레기를 싹쓸이하고 싶은 마음은 바다가 원래의 아름다운 모습으로 돌아가야 한다는 믿음으로 성장한다. 더 많은 조선인이 종로에서 걱정 없이 살아가야 한다는 마음은 조선이 일본으로부터 독립해야 한다는 의지와 연결된다. 노예노동으로 굴러가는 카카오 농장이 사라져야 한다는 주장은 인권이 지켜져야 한다는 신념으로 이어진다.

신념, 어찌 보면 꽤 강단 있는 입장을 밝히는 이 단어는 사실 큰 장점과 단점을 동시에 만들어낼 수 있다. 때문에 대부분의 기업들은 신념이라는 단어를 신중하게 사용하며 되도록 중립적인 입장에 머무르려 노력해왔다. 기업이 누군가를 대변하거나 어느 한쪽을 택하는 것은 위험하다고 생각했을 것이다. 하지만 지금의 대중은 변하고 있다. 브랜드를 향해 입장을 명확하게 밝히라고 요구한다. 세상과 관계를 맺는 시스템을 재편해야 하는 시기가 온 것이다. 이 재편을 성공적으로 해내려면 브랜드가 가진 의도, 더 나아가 신념의 실체를 확인하는 것이 필수적이다.

언젠가부터 우리는 '돈쭐낸다'는 말을 쓴다. 선행을 베푸는 가게를 알게 된 사람들이 그 가게를 응원하기 위해 몰려가 구매하는 행위를 말한다. 비슷한 의미로 달러 보팅dollar voting이라는 말이 있다. 돈으로 투표를 한다는 이야기다. 돈을 내는 것은 특정 입장을 표명하는 것과 같다는 말이기도 하다. 브랜드의 활동이 단순한 상업행위를 넘어서서 사회운동의 범주로 확장되는 것이다.

마케팅 에이전시 엔소Enso에서 매년 진행하는 월드밸류인덱스World Value Index 조사에 의하면, 시간이 흐를수록 더 많은 사람들이 입장 없는 중립적인 브랜드보다 '확실한 의견을 갖고 활동을 펼치는 브랜드'를 신뢰하고 그들에게 돈을 쓴다고 한다.

"저는 기업들이 특정 이슈에 대해 발언하는 것이 정말 중요하다고 생각합니다. 언젠가 정부가 우리의 의견을 수용하도록 만들려면 우리 기업이 더 적극적으로 나설 필요가 있습니다." 미국의 패션 브랜드 아일린피셔Eileen Fisher CEO 아일린 피셔의 발언이다. 기업이 특정 가치와 신념을 드러내며 공개적으로 발언하는 것을 미닝아웃meaning out이라 한다. 미닝아웃이 기업의 권리이자 의무인 시대가 온 것이다. 브랜딩을 하는 사람에게 "이제부터 문제, 목적, 의도, 신념을 모두 챙겨보자"는 말은 골치 아프고 복잡하게 들릴지도 모른다. 하지만 그건 브랜드 의도가 부재했을 때의 이야기다. 단단한 의도가 있는 브랜드라면 오히려 이 작업이 굉장히 효율적인 브랜딩 과정이라는 것을 이미 알고 있을 것이다.

브랜드 시작점의 의도를 잘 들여다보고 브랜드의 저변에 존재하는 '어떤 감정'이 성장 동력이 될지 발굴해보자. 그다음부터는 브랜드의 의도가 이끄는 곳으로 걸어가면서 브랜드의 각 요소를 하나씩 밝혀가면 된다. 감정을 영리하게 담은 의도는 앞으로 가야 마땅한 길을 스스로 찾아낸다. 눈 감고 걸어도 맞는 길을 고른다는 어느 유명인의 말처럼 말이다.

5년 후
우리 브랜드 기사를 미리 써라

이제 우리는 우리 자신과 일, 브랜드와 브랜드의 제품, 서비스를 소개할 기회를 더 많이 얻을 것이다. 업무 미팅 자리에서, 공식 프레젠테이션에 앞서서, 업계 현장에서 혹은 유튜브나 잡지의 인터뷰에서 말이다.

예를 들어, 내가 가장 좋아하는 에디터가 우리 브랜드를 인터뷰하기 위해 왔다고 가정해보자. 나는 신이 나서 브랜드에 관한 모든 이야기를 쏟아낼 것이고, 에디터는 그중에서 가장 강렬하게 와닿는 것들을 중심으로 기사를 쓸 것이다.

직접 기사를 써보자. 단, 에디터의 관점에서 말이다. 내 이야기 중 어느 부분에서 가장 큰 인상을 받을까? 어느 부분에서 가장 크게 감동받거나, 놀라거나, 흥분하거나, 화를 낼까? 내가 전하고자 했던 브랜드의 의도를 듣고 다시 대중에게 전달하고자 하는 에디터의 마음이 돼 앞으로 5년 후 우리 브랜드에 관한 기사를 써보자.

의도를 유지할 수 있을까?
브랜드 밸류체인 설계하기

"브랜딩이 뭔가요?"라는 질문을 참 많이 받는다. 강연을 들으러 온 분이나 독자로부터 이런 질문을 받으면 망설임 없이 대답하는 편인데, 클라이언트에게서 들을 때는 나도 모르게 멈칫하면서 엄청나게 머리를 굴리게 된다. '상대가 듣고 싶은 말이 무엇인지' 생각하는 탐정 세포와 '이 사람이 진짜 궁금해하는 핵심이 뭘까' 하는 컨설턴트 세포와 '나는 브랜딩을 뭐라고 정의하고 싶은가?' 하는 작가 세포가 내 안에서 분주하고 격렬하게 토론을 벌인다.

듣고 싶은 말을 기꺼이 하며 분위기를 좋게 끌어가야 할지, 진정성 있게 고민 상담으로 진입해야 하는 진득한 타이밍인지, 평소 내 생각을 이야기하며 마음의 깃발을 들고 싶은지를 밝혀야 하는 세 갈래의 길인 셈이다.

지금의 나는? 우선 책을 쓰고 있으니, 내 마음을 좀 더 솔직하게 밝혀보기로 한다.

"직업이 뭐예요?"

"디자이너입니다."

"어떤 디자인이요?"

"브랜딩이요."

"그게 뭐하는 거예요?"

"브랜드를 만드는 건데요. 가령 식당을 새로 연다고 하면 식당이 잘되기 위한 전략을 짜고, 그에 맞춰 인테리어를 하고, 로고와 메뉴판도 만들고, 영업에 필요한 기물도 고르고, 메뉴를 기획하는 것까지도 브랜딩이죠. 모두 처음에 세운 전략에 맞춰서요. 개점과 홍보뿐 아니라 가게를 운영하면서 관리하는 업무도 전부 브랜딩에 포함돼요."

"진짜 그걸 다 하신다고요?"

"일을 모두 할 줄 아는 사람이 돼야 하는 때가 오더라고요. 그걸 모두 할 줄 알아야 나중에 전문가들과 협업하더라도 제대로 일할 수 있거든요. 브랜드를 전체적으로 볼 줄 알고 구체적으로 점검할 줄 알아야 해서요."

꽤 오랜 시간을 거쳐 상대가 '그렇게까지?'라고 느낄 만한 대답을 해버리는 사람이 됐다. 진심이다. 게다가 요즘은 이 대답에 긍정하는 동지들이 많아진 것 같으니 더욱 의심 없이 이 대답을 밀어보려고 한다.

브랜딩이 대체 뭐하는 일이냐는 질문에 대한 답은 '브랜드가 태어나서 죽을 때까지의 모든 과정을 만드는 것'이다. 브랜드의 생애 안에서 벌어지는 다양한 일들을 때맞춰 수행하는 것이다. 브랜드 전체에 의도가 녹아 있으니 제품이나 서비스, 활동을 하나씩 떼어내서 보더라도 그 의도가 느껴져야 한다. 언제 어디서나 그 한 조각만으로도 브랜드를 아주 쉽게 찾아낼 수 있고, 그 한 조각만으로 브랜드의 의도를 쉽고 간명하게 설명할 수 있어야 한다. 그런 능력을 제공하는 것이 브랜딩이다. 심지어 사람들에게 노출되지 않는 '백 스테이지'에서도 말이다.

사람들에게 좋은 브랜드, 잘하는 브랜드, 좋아하는 브랜드를 물었을 때 공통적으로 등장하는 브랜드가 있었다. 모두가 인정할 수밖에 없는 파타고니아다. 파타고니아가 사랑받는 이유는 너무도 많다. 누가 봐도 믿음직스럽고 사랑스러운 활동을 하는 데다 그 모든 활동에 그들의 의도가 녹아 있으니 의심 없이 믿고 지지할 수 있다. 그들이 무슨 일을 하는지 전부 알지는 못하지만, 몇 가지를 무작위로 선택해 들여다보아도 모두 같은 맥락을 가진다.

그래서 우리는 파타고니아라는 브랜드를 중심으로 뭉치기 좋아하고, 뭉친 후에도 늘 기분이 좋다. 파타고니아의 멋지기 그지없는 마케팅 활동에 대해서는 수많은 매체에서 계속 소개하니 굳이 더 언급할 생각은 없다. 검색 한 번만으로 화려한 진정성의 필모그래피를 찾을 수 있으니 말이다. 대신 이들의 활동 가운데 잘 보이지 않는 조각들을 들춰보려고 한다. 보이지 않는 곳까지 잘 스며든 그들의 브랜딩 말이다.

마이클 포터Michael Porter의 밸류체인value chain 모델에 따르면 기업의 활동은 본원적 활동primary activity과 지원 활동support activity으로 구성된다. 본원적 활동은 제품 및 서비스의 생산과 직접적으로 연결되는 현장 업무로 제품의 생산, 이동, 마케팅, 판매, 물류, 서비스와 같이 외부에 쉽게 노출되는 특징을 가진다. 지원 활동은 이러한 본원적 활동이 잘 굴러가게 해주는 간접적인 역할을 하는데 자재 조달, 기술 개발, 인사, 재무 등 기업 내부의 제반 업무가 이에 속한다.

밸류체인은 본원적 활동과 지원 활동이 관계를 맺고 서로 영향을 미치며 단계를 밟아 이윤을 창출하는 흐름을 나타낸다. 흔히

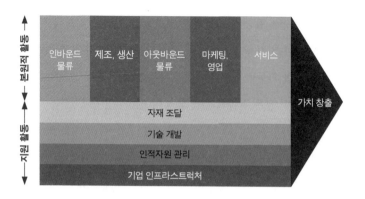

본원적 활동

지원 활동

| 인바운드 물류 | 제조, 생산 | 아웃바운드 물류 | 마케팅, 영업 | 서비스 |

가치 창출

자재 조달

기술 개발

인적자원 관리

기업 인프라스트럭처

마이클 포터의 밸류체인 모델

다이어그램으로 표현되는데, 주로 기업 내에서 스스로의 역량을 분석하는 도구로 사용된다.

고객에게 주로 노출되는 활동은 대부분 본원적 활동에 속한다. 때문에 기업은 본원적 활동에 더 신경을 쓰고, 자연스럽게 지원 활동 점검은 후순위로 밀린다. 본원적 활동과 지원 활동 모두를 꼼꼼하게 확인하는 수고를 군이 들이려 하지 않는 것은 가성비를 중요하게 여기는 기업의 습관이기도 하다.

파타고니아는 어떨까? 파타고니아의 보이지 않는 활동, 즉 밸

류체인의 지원 활동에 포함되는 업무들을 한번 살펴보려 한다.[•]
기업 인프라스트럭처, 인적자원 관리, 기술 개발, 자재 조달로 구성되는 지원 활동을 파타고니아가 어떻게 점검하고, 그들의 브랜드 의도를 이 모든 활동에 어떻게 녹여내는지 말이다.

'기업 인프라스트럭처' 활동에는 조직 구조, 관리 시스템, 기업문화, 법, 재무, 회계, 공무 같은 업무가 포함되며 기업의 근본적인 구조를 구축하는 기능을 한다. 그중에서도 '기업문화'가 가장 포괄적인 역할을 한다고 볼 수 있는데, 파타고니아 브랜드 책임부문의 선임 매니저 로건 듀란Logan Duran이 이에 대해 말한 내용을 보자.

"파타고니아의 기업문화는 의사결정 과정에서 임직원 간의 커뮤니케이션을 매우 중요하게 여기는 것이 특징입니다. 북아메리카 인디언인 이로쿼이Iroquois족은 중요한 의사결정을 하기 전에 향후 일곱 세대를 내다보고 모든 구성원들이 충분히 고민한 후 의견을 교환해 결정을 내린다고 합니다. 파타고니아는 이로쿼이족의 의사결정 방식을 따르기 위해 노력하며, 다른 아웃도어 브랜드에 비해 트렌드 반영이나 신제품 출시 주기는 조금 늦지만 그만큼 우

• 지원 활동 관련 내용은 유승권·박병진이 2017년 〈기업경영연구〉 24권 4호에 발표한 "파타고니아, 비즈니스 가치사슬과 CSR의 결합사례"를 참조했다.

리의 경영철학을 충분히 반영한 수준 높은 제품을 생산합니다."

그런데 이 인터뷰에서 한 가지 신경쓰이는 대목이 있다. '다른 아웃도어 브랜드에 비해 트렌드 반영이나 신제품 출시 주기는 조금 늦지만'이라는 말이다. 이들의 기업문화가 상품 생산에 좋지 않은 영향을 줄 수도 있다는 것 아닌가? 지원 활동이 본원적 활동을 무조건 지원하고 돕는 건 아니라는 뜻이기도 하다.

파타고니아는 자신들의 기업문화가 본원적 활동을 지연시킬 수는 있으나 '그럼에도 불구하고 이 문화를 지키며 위험을 짊어지면 이는 다른 이익으로 돌아올 것'이라는 믿음을 '우리의 경영철학을 충분히 반영한 수준 높은 제품을 생산한다'는 말로 드러냈다. 브랜드 전체의 맥락에서 보면 기업문화를 유지하는 것이 궁극적으로 기업의 성장에 기여한다 믿고 실행하는 것이다.

'인적자원 관리' 활동은 직원 역량의 배치와 효율성에 관한 항목이다. 웬디 새비지Wendy Savage 선임 매니저는 쉬나드 회장의 창업정신과 경영철학이 어떻게 수천 명의 임직원들에게 전달되고 업무 현장에 적용될 수 있느냐는 질문에 대해 "필요한 인력을 구하고 채용하는 과정에서부터 파타고니아의 경영철학에 적합한 인재를 선발하려 노력한다. 특히 아웃도어 스포츠에 대한 관심과 실제 이를 즐기는지 여부, 환경보호 가치에 동의하는 사람들이 우리 회사에 적합하다고 생각한다. 파타고니아는 공개채용보다 직원 추천을 통해 입사하는 경우가 많은데, 무엇보다 임직원들이 같이 일하고 싶어 하는 사람들이라면 신뢰할 수 있다고 믿기 때문이다. 입사 후에는 환경보호, 지역공동체 활동, 현장 직무교육 등의 다양한 교육 프로그램을 거치며 직원들이 원하면 연간 최대 두 달까지 지역사회의 환경 NGO 프로젝트에 유급으로 참여할 수 있는 기회를 제공한다"고 했다.

브랜딩에서 가장 중요하게 여기는 '일관된 메시지 발신'은 사실 브랜드를 운영하는 당사자들이 브랜드의 의도에 얼마나 공감하느냐에 따라 결정된다 해도 과언이 아니다. 이를 위해 요즘은 내부 직원들을 대상으로 자사 브랜드를 확실하게 알리는 인터널 브랜딩(사내, 내부 브랜딩)이 많아지는 추세다. 파타고니아는 이 작업을 아예 채용 단계에서 한다는 이야기다.

입사 최종 단계까지 온 두 명 가운데 한 명만 직원으로 뽑아야 한다고 하면, 아웃도어 스포츠를 더 즐기고 좋아하는 사람을 뽑는 것이 기준이 될 수 있다는 쉬나드 회장의 인터뷰를 읽은 적이 있다. 파타고니아가 원하는 인재상은 그들의 브랜드 의도를 이미 삶에서 실행하고 즐기는 사람일지도 모른다. 이쯤 되면 기업을 하겠다는 건지 동호회를 만들겠다는 건지 헷갈릴 지경인데, 재미있으면서도 설득력이 있어서 웃음이 난다. 이렇게 채용된 사람들은 회사가 직원의 인권과 노동권을 보호하기 위해 조성한 다양한 제도와 시설을 누리게 된다.

파타고니아의 사내 지원 시스템(우리나라식으로 말하면 복리후생)에도 브랜드의 지향성이 흠뻑 녹아들어 있다. 구내식당에서는 유기농 로컬 푸드를 제공한다. 자유 시간 근무제를 시행하고, 아웃도어나 환경 관련 활동을 개인적으로 하는 직원에게 회사의 지원이 붙는다. 브랜드와 직원 간의 접점을 유지하기 위한 사내 약속들이 오래전부터 아주 고질적으로 지켜졌다고 하니 무척 놀랍다가도 "아, 그래, 당연히 그렇겠지" 하며 자연스럽게 고개를 끄덕이게 된다.

파타고니아의 '기술 개발' 항목에 대해서는 할 말이 많다. 아웃도어 브랜드라는 파타고니아의 BM(비즈니스 모델)을 지속가능하게 해주는 것이 바로 이 기술 개발 역량이기 때문이다. 이들이 개발한 신소재와 가공 기술은 홈페이지에 상세히 소개됐는데, 오랫동안 쌓아온 수십 가지 소재와 기술의 라인업을 들여다보면 이젠 여기가 연구소일지도 모른다는 의심이 들 정도다. 계속해서 꾸준히 기술이 추가되니 보여주기식 연구는 당연히 아니다. 파타고니아는 재생 원료를 사용하는 기술을 개발, 활용하면서 원재료비

15% 이상을 절감했고, 친환경 원료를 사용하면서 이전보다 탄소 배출 13%, 환경 폐기물 비용 11% 이상을 절감했다. 본원적 활동을 그야말로 본원적으로 돕는 셈이다.

'자재 조달' 활동은 기업 전체 활동에 필요한 원재료, 서비스, 예비 부품, 실험실 재료, 사무용품, 건물 등을 구매 및 공급하는 일이다. 에너지 절감, 재생에너지 사용 등의 어젠다가 중요하며, 자원 재활용 이슈도 포함된다.

듀란 매니저는 파타고니아의 건물과 건축에 관해 다음과 같은 원칙을 소개한다. 첫째, 꼭 필요한 경우가 아니면 새 건물을 짓지 않는 것이다. 부득이하게 신축을 해야 한다면 최대한 오래된 건물에 쓰던 자재와 가구를 구입해 재활용하며, 오래된 건물이나 역사적인 건물은 훼손하지 않는다. 둘째, 건축 자재는 재생 원료로 만든 것이나 재생 가능한 것을 쓴다. 단열재로 해바라기씨 껍질이나 짚 등을 압착한 자재를 사용하는 게 대표적 사례인데, 파타고니아 본사가 여기에 속한다. 셋째, 모든 건축물은 유지, 보수가 쉽도록 하고 초기 건축비가 올라가더라도 내구성을 높여 향후 철거했을 때 폐기물을 재활용할 수 있도록 계획해야 한다. 넷째, 건물에 사용되는 에너지를 최소화하도록 설계하며, 태양에너지 등 친환경 에너지를 최대한 활용한다. 1996년 지어진 파타고니아 최대

Materials

Hemp

Material

Polyester

Material

REFIBRA® Lyocell

Material

Advanced Denim

Material

NetPlus® Recycled Fishing Nets

Material

Recycled Cotton

Material

파타고니아에서 개발해 사용하는 신소재들. 25가지의 혁신 소재가 웹사이트에 소개돼 있다.

규모의 리노 물류센터는 태양 전기와 복사열을 활용해 에너지를 60% 가까이 절약했고, 모든 건축 자재는 재활용 소재로 만들어졌다. 파타고니아 본사 주차장에는 초대형 태양 전지판과 풍력발전기가 설치돼 있는데, 이것으로 50% 이상의 에너지를 자체 생산한다(이쯤 되면 파타고니아는 사업 분야에 친환경 건축업을 추가해도 될 것 같다).

지금까지 언급한 이야기는 모두 파타고니아라는 브랜드의 지원 활동에 해당하는 것이다. 여기까지가 밸류체인의 절반 분량이니 나머지 절반, 즉 본원적 활동이 얼마나 집요하게 구축됐을지는 말할 나위가 없다. 우리에게 이미 잘 알려진 마케팅, 판매, 서비스에 관련된 사례만 보아도 그렇다. 가장 유명한 "이 재킷을 사지 마세요Don't buy this jacket" 캠페인은 이들의 '오래된 옷 수선 팀Our Worn Repair Team' 서비스로 연결돼 부가가치를 만들어낸다. 물류 단계에서 발생하는 탄소가 얼마나 되는지 점검하기 위해 직접 모니터링 시스템을 만들기도 하고, 전체 제품 공급망을 꼼꼼하게 들여다보며 환경에 영향을 미치는 모든 요소를 줄여나간다. 팬데믹을 계기로 오프라인 매장 중심의 화려한 마케팅이 힘들어진 요즘, 파타고니아가 오래전부터 실행해온 활동과 수많은 노력이 더욱 고맙게 느껴진다.

파타고니아 최대 규모의 리노 물류센터(Reno Distribution Center)
출처: https://www.nytimes.com

밸류체인 모형에서 전체 활동이 수렴되는 화살촉 부분에는 '가치 창출'이라는 항목이 있다. 기업 활동의 최종 단계에 해당하는 지점이다. 이 다이어그램에서 정의하는 '가치 창출'은 이윤을 의미한다. 즉 밸류체인의 최종 목적지를 기업의 이윤이라고 보는 것인데, 파타고니아는 이곳이 종착지가 아니라고 말한다. 창출된 가치를 어떻게 사용하고 다시 밸류체인으로 얼마나 어떻게 투입하느냐까지를 브랜딩하는 것이다. 파타고니아는 1985년부터 매출의

'지구를 위한 1%' 자체의 인지도가 높아지면서 이 연대에 참여하는 것을 마케팅에 활용하는 회사가 늘고 있다.

1%를 자연환경의 복원과 보존을 위해 사용했다. 그리고 2002년부터는 직접 '지구를 위한 1%¹% for the Planet'라는 비영리 조직을 만들어 많은 글로벌 기업들과 연대한다.

쉬나드 회장은 '파타고니아의 환경기부금은 지구 자원을 사용하는 것에 대한 세금'이라고 기부의 의미를 밝힌다. 기업은 지구에서 가져온 자원으로 이익을 얻기 때문에, 당연히 그 자원을 다시 보호할 의무가 있다. 지구에 대한 책임을 인식하고 '수익의 유무와 관계없이' 전체 판매량의 1%를 환경에 돌려주자는 것이다. 이 1%의 금액은 '지구세'라고 부른다.

파타고니아는 좀 더 공격적이고 흥미진진한 활동을 꾀하기도 한다. 2013년 설립된 '틴쉐드벤처스Tin Shed Ventures'라는 임팩트 투자사에 관련된 이야기다. 이 회사는 특별한 투자기준을 가지고 젊고 유능한 스타트업을 발굴하고 있는데, 사실 이 선발 작업에도 파타고니아의 밸류체인이 연결되어 있다. 틴쉐드벤처스는 환경문제를 해결하는 능력을 기준으로 미래에 수익을 낼 수 있는 회사를 선정해 자본을 투입한다. 재미있는 것은 수많은 관련 회사 중 파타고니아 자사와 협력하며 시너지 효과를 낼 수 있는 회사를 찾아낸다는 것이다. 파타고니아의 밸류체인에서 어쩔 수 없이 발생하는 마이너스 요소들을 상쇄해줄 수 있는 회사, 그들의 공정 중 한 부분을 확실하게 맡을 수 있는 회사에 투자해 상대 회사와 자사의 밸류체인이 맞물려 돌아가게 하는 방식이다.

생분해 섬유를 연구, 생산하는 '레볼루션파이버Revolution Fiber', '비욘드서피스테크놀로지Beyond Surface Technology', 의류 생산에 투입되는 물의 양을 혁신적으로 줄일 수 있는 기술을 보유한 '테르수스Tersus' 같은 곳이 대표적인 사례다. 파타고니아가 새롭게 론칭하는 식품 브랜드인 '파타고니아프로비전Patagonia Provision'과 함께 유기농 식품을 생산하면서 재생 농업 가치를 구현할 수 있는 '와일드아이디어버팔로Wild Idea Buffalo Company'에도 투자하고 있다. 현재 총 아홉 곳의 회사가 틴쉐드벤처스와 파트너십을 맺으며 파

틴쉐드벤처스가 투자하는 회사들은 모두 파타고니아와 같은 지향점을 갖고 협력한다.

타고니아와 함께 일하고 있다. 뭔가 파타고니아 마을 같은 느낌도
든다.

ESG가 대세가 되면서 많은 기업들이 어떻게든 자신의 밸류체
인에서 ESG 기준에 부합하는 활동을 찾아내 조명하고 그 의미
를 확대해 마케팅에 활용하려 애쓰고 있다. 다른 부분은 일단 잠
깐 묻어두고 말이다. 이런 행위를 '워싱washing'이라 하는데, 환경
측면에서의 눈속임이 가장 많은 탓에 '그린 워싱green washing'이라
는 단어가 알려지기도 했다. 친환경 제품 생산에 필요한 공정을
충족시키기 위해 거대한 산림을 파괴한다든지, 신소재 개발을 위

해 전보다 더 많은 에너지를 쓰는 식의 우스운 이야기다. 보이는 활동을 화려하게 만들기 위해 보이지 않는 활동에서 리스크를 더 높이는 것이다.

좋은 브랜드는 밸류체인의 전 과정을 그들의 브랜드 의도에 맞게 얼마나 집요하게 구축하느냐에 따라 검증된다. 그리고 이렇게 구축된 밸류체인을 계속해서 최적의 상태로 운영해가는 것을 우리는 지속가능성이라 부른다. 이와 반대로 밸류체인에서 마음에 드는 한두 가지만을 보기 좋게 포장해서 세상에 드러내고 다른 활동들을 미뤄두는 일은 리스크 요인이 된다.

파타고니아는 액시오스 해리스 조사Axios Harris Poll에서 실시한 2021년 브랜드 평판 조사에서 전년도인 2020년보다 31계단 올라 1위에 올랐다. 매출은 계속 상승 중이며, 한국에서도 연평균 30%가 넘는 성장을 보인다고 한다.

파타고니아가 많은 사람들의 사랑과 관심을 받는 글로벌 셀럽 같은 브랜드라면, 뉴욕 로컬로 살아가면서 파타고니아 못지않게 완성도 높은 브랜딩을 시크하게 실천하는 브랜드가 있다. 바로 아일린피셔Eileen Fisher다. 아일린피셔는 동명의 창업자 아일린피셔가 350달러로 시작한 여성복 브랜드다. 파타고니아가 자연을 대변하는 아웃도어 브랜드로 시작했다면, 아일린피셔는 여성의 삶과 일상을 대변하는 여성복 브랜드로 출발했다. 이러한 정체성을 기반으로 '지속가능성'이라는 단어를 어떻게 구현할 수 있을지 사업 초창기부터 줄곧 마음에 두고 브랜딩을 하게 된다.

사업 초기에는 지속가능성이란 개념을 '질리지 않고 오랫동안 입을 수 있는 디자인'으로 해석해 '단순함'에 집중하는 디자인 중심 생산을 했다. 브랜드의 성장은 지속가능성의 의미도 성장하게 만들었다. 더 다양한 키워드가 지속가능성에 중요한 영향을 미친다는 것을 알아차리고, 피셔는 기업 활동 방향을 전면적으로 재검토했다.

본원적 활동 중 제품의 생산, 마케팅, 판매, 서비스에만 적용했던 초기의 브랜드 의도가 전환점을 맞으며 밸류체인 전 과정이 원점으로 돌아갔다는 것은 브랜드 의도와 밸류체인이 함께 성장해야만 하는 변화의 순간을 맞았다는 뜻이다.

아일린피셔는 책임감 있는 패션 브랜드로 성장하기 위해 순환 디자인circular design 시스템의 구현을 새로운 지향점으로 삼았다. 그리고 이러한 시스템을 스스로 만들어 사용하는 주체적인 여성상을 브랜드의 주인으로 그려간다. 여성의, 여성을 위한, 여성에 의한 브랜드를 만들어가고자 하는 목표 자체부터 순환 디자인 시

98
ESG 브랜딩 워크북

스템과 맞닿아 있다고 생각하니, 나도 모르게 엄지손가락을 척 들어올리게 된다.

아일린피셔가 추구하는 순환 디자인 시스템의 첫 번째 활동은 그들이 초창기부터 밀고 있는 '지속가능한 디자인'에 관한 것이다. 단순하면서 질리지 않고 오래 입을 수 있는 디자인을 통해 버려지지 않는 의류를 만드는 것이 이 브랜드의 변치 않는 목표다. 아름다우면서 기능적이고 유행을 타지 않는 디자인이 세상을 구하는 데 이바지할 수 있다는 신념이 바탕에 깔려 있다.

순환 디자인 시스템의 두 번째 활동은 '리뉴 프로그램Renew Program'이다. 더 이상 입지 않을 아일린피셔 옷을 매장에 가져다 달라는 제안이다(최근에는 30년 전 옷이 수거돼 직원들이 감동했다고 한다!). 제품당 5달러의 크레딧을 받고 옷을 되파는 시스템인데, 수거된 옷은 꼼꼼한 검수 후 다시 팔 수 있는 것과 그렇지 않은 것으로 추려진다. 팔 수 있는 옷은 전문가의 손질을 거쳐 아일린피셔의 리사이클 지정 매장과 리뉴 웹사이트를 통해 판매되는데, 리뉴 프로그램으로 일어나는 매출이 전체 매출의 약 1%까지 차지한다고 하니 리사이클 제품만으로 이룬 성과로는 꽤 만족스럽다.

재판매하지 못할 만큼 낡은 옷은 원단이나 원재료 상태로 해체돼 새로운 제품의 재료가 된다. 이것이 바로 순환 디자인 시스템

아일린피셔 리뉴(Eileen Fisher RENEW)는 아일린피셔에서 탄생한 새로운 브랜드로 성장하고 있다.

의 세 번째 활동인 '웨이스트 노 모어WASTE NO MORE' 프로그램이다. 아일린피셔의 제품 라인업에는 패션 이외의 카테고리, 즉 예술 작품이 포함된다. 웨이스트 노 모어 프로그램을 통해 원재료가 된 낡은 옷들이 예술 작품으로 재탄생하는 것이다. 패션 회사의 전문 가공 기술이 다양한 예술가의 아이디어와 만나서 탄생시킨 한정판과 예술 작품은 전 세계를 돌며 전시되고 판매되기도 하는데, 2019년 밀라노 페어에서는 불과 며칠 만에 전 작품이 완판됐다고 하니, 욕심나는 미학이자 세일즈다.

기업의 형태로 보면 아일린피셔는 ESOPemployee stock ownership

아일린피셔의 웨이스트 노 모어 프로그램

plan, 즉 우리사주신탁제도를 실행하는 비상장기업이다. 피셔는 창업 10년 차인 2006년 회사가 수익을 내기 시작하자, 가장 먼저 회사 주식의 40%를 우리사주로 전환해 전 직원에게 나눠주었다. 순환 디자인에 이어 순환 경영의 철학을 실천한 것이다.

아일린피셔는 2020년까지의 전환 목표를 담은 비전 2020에 이어 새롭게 '호라이즌 2030'을 발표했다. 2030년까지 브랜드의 밸류체인을 통해 순환 디자인 시스템을 더 확실하게 만들고, 여성의 힘을 더 강력하게 함으로써 지속가능한 세계를 만들어가겠다는 의지를 밝힌 것이다. 구체적으로 누구와 협력해 어떤 방법으로 어떤 결과를 만들어갈 것인지에 대한 전략을 전격 공개한 것을 보면, 그들의 촘촘한 자신감이 그대로 와닿는다.

파타고니아와 아일린피셔가 앞으로도 더욱 사랑받고 롱런해야 하는 이유를 군이 한 번 더 언급해본다. 이 두 브랜드 모두 스스로 실패를 감당하려는 노력을 한다. 패스트 패션이 의류 소비의 대세가 된 세상에서 패션 업계의 밸류체인을 바로잡는 것은 꽤 큰일이 아닐 수 없다. 가격 경쟁이 치열한 업계에서 좋은 브랜드를 만들어가기 위해 비용을 들여가며 밸류체인을 리셋하는 것은 미친 짓으로 치부될 수도 있다. 이처럼 쉽지 않은 상황에서 이렇게 해보자며 말을 걸고 도전하는 이들이야말로 반드시 승승장구해야 한다. 참으로 하기 힘든 일을 기어코 해내고, 끊임없이 성장을 시도하고, 그만큼의 실패를 담담하게 받아들이는 이들을 응원할 수밖에 없다.

2014년에 탄생한 올버즈allbirds는 파타고니아와 아일린피셔의 흐름을 이어받으며 기술 솔루션의 비중을 높인 신흥 브랜드다. 배우 디카프리오가 투자하고 오바마 전 미국 대통령이 즐겨 신는 신발 브랜드로도 알려져 있다. 올버즈에 대한 사람들의 관심은 대부분 그들의 제품과 마케팅으로 향하지만, 그들의 밸류체인 백 스테이지에서도 흐뭇한 장면을 찾아볼 수 있으니, 바로 '파트너사와의 장기 계약'에 대한 이야기다.

올버즈는 2020년 공개한 지속가능성 리포트에서 2025년, 2030년까지의 환경적 목표를 발표했는데, 이 목표에는 밸류체인 전 과정에 걸친 탄소 발생률 최소화 계획이 포함됐다. 올버즈는 이 계획을 구체적으로 실행할 분야로 재생농업regenerative agriculture, 재생가능 소재renewable material, 책임감 있는 에너지responsible energy라는 섹션을 제시했으며 공정한 노동fair labor, 수자원과 화학물질의 바른 사용water/chemistry, 동물 복지animal welfare, 추적성과 투명성traceability & transparency 확보를 약속했다.

이 모든 계획과 목표는 올버즈 혼자서 할 수 없는 일이다. 그들과 협업하는 공장과 농장들이 한마음으로 동참해야 한다. 가능성을 높이는 다양한 시도들을 함께할 수 있는 파트너십을 구축하기 위해 파트너사와의 계약 기간에 연구, 시도, 실패의 시간을 모두 포함해 설정한다. 아주 특별한 장기 육성 계약이다.

그 외에도 올버즈는 지속가능하면서도 가격 경쟁력을 갖춘 브랜드로 성장하기 위해 에너지와 기술의 상당 부분을 이커머스 활

올버즈의 지속가능성 리포트에는 언제나 혁신적인 소재와 새로운 기술이 가득하다.

성화에 투입했고, 최근에는 경쟁 상대인 거대 브랜드 아디다스와 '아이디어와 자원을 공유하는 콜라보레이션'을 진행하며 산업 전체의 지속가능성 향상을 위해 협력하는 등 다양한 전략을 구사하면서 지속가능성의 판을 키워가고 있다.

파타고니아와 아일린피셔, 올버즈의 단단한 밸류체인을 살피다 보면 이들의 공통점을 발견할 수 있다. 지속가능성의 완성도가 높은 밸류체인을 구축하기 위해 매 단계 모든 항목을 꼼꼼히 점검하고 업그레이드하면서 자연스럽게 커뮤니티가 형성됐다는 점이다. 각 단계마다 머리를 맞대고 고민하며 협력하는 파트너들이 생기고, 고객과의 커뮤니케이션이 잦아지며 자연스럽게 친밀감 높은 고객 커뮤니티가 형성되고, 이 모든 과정에서 발생하는 심도 깊은 토론으로 사내 구성원 간의 연대가 만들어진다. 밸류체인을 꼼꼼하게 살피는 것은 브랜드 자체의 완성도를 높이기 위함이다. 그런데 이 브랜드가 좋은 브랜드를 향해 있다면? 밸류체인의 단계마다 브랜드의 모든 과정을 함께하는 커뮤니티가 생성되고 그들과 함께하는 여정이 평판과 신뢰를 가져다주는 자연스러운 흐름이 생기게 된다. 진정성 있는 밸류체인 구축이 중요한 이유다.

단단한 밸류체인 구축이 중요한 이유는 또 있다. 집요하게 만들어진 밸류체인은 그 자체로 브랜드 의도를 보여주기 때문이다. 브랜드의 작은 조각 하나하나에 전체의 의도가 얼마나 잘 스며들어 있는지를 밸류체인의 각 단계를 통해 확인함으로써 우리는 브랜드의 진심을 직관적으로 파악할 수 있다. 지금의 고객은 그 어느 때보다 더 많은 정보에 접근할 수 있는 디지털 네이티브들이다. 진정성 없는 브랜드 활동은 금방 들통나기 마련이고, 밸류체인의 본원적 활동에만 치중해 위싱을 하려는 시도들은 오히려 기업에 큰 리스크를 안길 수 있다.

2020년 미국 전역을 통틀어 가장 충격적인 어젠다를 던져준 조지 플로이드 사망 사건은 BLM^{Black Lives Matter} 시위로 이어지면서 대규모 사회운동을 일으켰다. 수많은 시민과 개인, 다양한 단체와 조직들이 성명을 내면서 온·오프라인으로 참여했고, 기업과 브랜드들도 메시지를 생산하며 동참했다.

특히 전 세계적인 영향력을 가진 글로벌 브랜드들이 인종 다양성을 지키기 위한 캠페인을 즉각적으로 실행해 눈길을 끌었다. 그중에는 그간의 브랜드 활동이 캠페인의 내용과 일치하면서 폭발적인 관심과 공감을 일으킨 브랜드가 있는가 하면, 정반대의 이유로 뭇매를 맞는 브랜드도 생겨났다. 기업 내 직원 비율에서 인종 다양성이 심각하게 결여됐다는 폭로가 있었던 나이키, 인종차별에 반대한 모델을 부당 해고한 사실을 들킨 로레알, 흑인이 대부분인 노동 현장이 심각하게 열악했던 맥도날드 등은 BLM 캠페인에 올라타려다 그간의 행적을 세상에 들켜버려 '워크 워싱woke washing', 이른바 사회적 인식이 있는 척한 브랜드로 알려져 실추된 명예를 회복하는 데 더 많은 시간과 에너지를 써야 했다. 워싱으로 인해 리스크가 터져버린 사례다.

밸류체인이 얼마나 잘 맞물렸는지에 따라 진짜와 가짜가 구별된다. 브랜드 스스로 밸류체인을 잘 점검하고 연결성을 활용한다면 엄청난 경쟁력을 얻게 될 것이다. 하지만 소비자나 미디어에게 점검의 주도권을 넘겨준다면? 브랜드가 가진 리스크와 경쟁력 중

BLM 운동에 참여한 아이스크림 브랜드 벤앤제리스의 BLM 캠페인. 사회적 발언을 하는 브랜드의 활동을 '브랜드 액티비즘'이라 한다.

어느 것이 더 회자될지 브랜드 스스로가 결정할 수 없게 돼버린다. 밸류체인을 갈고닦는 일은 브랜드의 안정성을 보장하는 것으로 확실히 연결된다. 물론 이 일이 생각처럼 만만치는 않지만 말이다.

수십 년간 브랜드를 지켜온 아일린피셔 리뉴 프로그램의 디렉터 신시아 파워Cynthia Power 역시 "우리는 성장하고, 성과도 있습니다. 하지만 여전히 모든 것을 계속해서 알아가려고 해요"라고 이야기한다. 잘해서 좋은 성과가 나고 있기는 하지만, 그렇다고 쉴 수는 없으니 계속 움직여야 한다는 뜻일 테다.

좋은 브랜드는 늘 현재진행형이다. 브랜드의 의도는 처음 마음 먹은 것을 지키겠다고 선언하는 것으로 끝나지 않는다. 브랜드 의도를 유지한다는 것은, 브랜드 의도를 유지하기 위해 계속 성장한다는 것이며 이것이 바로 브랜딩의 진수다. 좋은 브랜드로 브랜딩을 하려면 감각과 직관과 전략보다 굉장한 '노오력'이 우선 조건일지도 모르겠다.

다행히 우리는 좋은 브랜드의 활동이 선명하게 드러나는 시대를 살아간다. 갈수록 경쟁이 심해지니, 시간이 흐르면 결국 진짜만 살아남을 거라는 믿음이 생긴다. 사라지는 브랜드들에게는 안타까운 마음이 들지만, 이제 더 이상 쉽게 속지 않는다.

누구와 손잡을까?
의도를 공유하고 연결하기

───────────────────────────────

직업 선호도, 즉 직업의 인기에는 시대적 흐름이 존재한다. 최근 급격히 주목받는 직업을 말해보라면 나는 주저 없이 MD와 컨텐츠 에디터를 꼽고 싶다. MD는 온·오프라인을 넘나들며 상품을 골라 구성하고 상품이 드러나는 방식을 정한다. 컨텐츠 에디터는 글과 말을 통해 세상의 관심사를 찾아내 짜임새를 만들고, 보기 좋은 방식으로 엮어낸다. 이 두 직업의 공통점은 이미 누군가가 만들어낸 물건과 이야기를 새롭게 보이도록 만들어서 전과 다른 가치를 부여한다는 것이다.

무언가를 재발견, 재구성, 재배치하는 과정을 통해 새로움을 만드는 작업이 점점 각광받고 있다. 혁신적이고 독보적인 상품의 탄생을 축하하던 시대를 지나 매일같이 혁신적이고 독보적인 상품이 수없이 출몰하며 아우성치는 시대로 옮겨왔기 때문이다. "네가 잘난 상품이고 서비스인 건 알겠는데, 그게 나랑 무슨 상관이지?"라는 사람들의 냉랭한 질문에 "잠깐만요! 제 이야기 좀 들어보시겠어요?"라며 차분하게 대신 답하는 역할이 중요해졌다.

주어진 상품과 서비스를 200% 활용하며 즐길 수 있는 기막힌 방법을 알려주고, 꽁꽁 숨은 것을 기어코 찾아내서 너에게만 알려주는 거라 속삭이고, 만사 귀찮지만 좋은 건 포기할 수 없는 우리의 손과 발이 되어 "새롭죠? 쓰고 싶죠?"라며 말을 거는 이들은 발명가, 브로커, 탐정, 에이전트이자 우리의 비서다. 이들은 '편집'이라는 행위를 통해 새로운 '연결'을 만든다. 그리고 다시 그 연결을 통해 그들만의 '관점'을 드러낸다. 그러기를 반복하면서 혁신과 창의성을 만들어낸다. 편집을 통해 연결하는 세상의 오리지널리티가 탄생하는 것이다.

내심 편집과 연결의 역할을 과소평가했던 지난날의 (창작 꼰대였던) 내게 유감을 표하는 바다. 그리고 편집하고 연결하는 그들의 역할에 리스펙을 보낸다. 변명을 좀 해보자면 나는 디자이너로 브랜딩 일을 시작했기 때문에 브랜드 자체에서 뿜어져 나오는 오리지널리티가 가장 중요하다는 프레임에서 빠져나오는 것이 좀처럼 쉽지 않았다. 아무도 실행한 적 없는, 누구도 미처 생각지 못했고 만들어내지 못한 것들이 가장 멋지다고 믿었고, 그러한 주장이 클라이언트들에게도 잘 먹혔다. "당신은 선구자이자 개척자이고 당신의 브랜드는 유일하고 독보적입니다"라고 말할 수 있도록 무언가를 만들어내는 것이 내가 하는 프로젝트의 미션이었고, 그 멘트를 구사할 수 있는 순간 '만사 OK'가 떴다. 그런데 요즘은 혼잣말로 '이제는 그러면 안 된다고!'를 종종 외치게 된다. 독특한 것을 만들어내는 것보다 중요한 게 있음을 알게 된 것이다.

　물론 브랜드의 오리지널리티는 여전히 중요하다. 다만 오리지널리티라는 단어의 의미가 예전보다 훨씬 더 다양하게 확장됐다는 점을 알아야 한다. 브랜드 오리지널리티라는 단어에 사람들이 기대하는 것이 달라졌다. 과거에는 기발한 상품, 서비스, 디자인과 같은 요소에만 오리지널리티라는 스티커를 붙여줬다면, 지금은 아무도 시도하지 않은 방식process, 구성arrangement, 아무도 입 밖에 내지 못했던 말message에까지 이 단어가 폭넓게 사용된다. 고객은 브랜드에 독창적인 관점을 요구하고 있다. 세상의 어떤 요소들을 선택하고 담아서 조합해내는지, 그것들을 어떻게 가공하고 어떤 스토리를 입혀 공급하는지, 브랜드만의 시선이 담긴 메시지를 기다리고 있다. 그리고 실제 그런 브랜드들이 계속 생겨나고 있다.

지역도 브랜드라면, 최근 몇 년 동안 가장 빠르게 리브랜딩에 성공한 브랜드는 바로 성수동이다. 성수동이라는 동네가 예전 성수동의 이미지를 이어가면서 성장하는 것만 같아 내심 흡족하다. 공장 지대의 골목 사이사이를 누비며 제작소를 찾아다니던 시절의 거칠지만 거짓 없이 밝은 분위기에 새로운 에너지가 흘러들고 영리하게 섞여 힙한 동네로 성장한 모습이 꽤 만족스럽다.

물론 이런 이미지가 잘 구축된 데에는 기존 공장과 창고들을 잘 활용하면서 이른바 '도시재생'을 해낸 카페와 레스토랑, 다양한 가게의 역할이 클 것이다. 그렇지만 그전에 이미 지금의 성수동 바이브를 만들어낸 주역이 있다고 생각한다. 바로 성수동으로 매일 출퇴근하는 사람들의 역동적인 분위기를 지금까지 쭉 계승해온 '헤이그라운드'라는 곳이다.

헤이그라운드는 서울숲역 근처에서 코워킹 스페이스를 운영하는 조직이자 공간의 이름이다. '재벌 3세의 착한 비즈니스'라고도 불리며 세간의 관심을 끌었던 이 조직은 성수동 한복판에 8층짜리 벽돌 건물을 짓고 약 50여 곳의 사업체를 위한 업무 공간을 조성, 그들을 위한 제반 서비스를 최적화해 제공하는 것을 업으로 삼는다. 이곳에 입주하는 회사들에는 강력한 공통점이 있다. 이 강력한 공통점에 연결되지 않는 회사는 헤이그라운드에 입주하는 것이 쉽지 않다는 뜻이다. 헤이그라운드의 목적은 사회문제를 해결하는 '체인지 메이커' 역할을 하는 회사들을 위한 커뮤니티 조성이다. 따라서 이 건물에 입주해서 일하려면 헤이그라운드가 내세운 사업의 의도에 부합하는 비즈니스를 해야 한다.

번아웃을 경험하고 슈마허칼리지로 떠났을 때 내 공부에서 가장 큰 비중을 차지한 것은 '행복지수'에 대한 내용이었다. 공부를 갓 마쳤을 때에는 행복이라는 대상에 잔뜩 고취돼 배운 내용을 컨텐츠로 만들고 브랜딩해서 우리나라에 이 좋은 내용들을 더 많이 알리고 행복 비즈니스를 해야겠다는 꿈을 당연히 품게 되었다.

그때 마침 헤이그라운드가 첫 입주사들을 모집하는 것을 알게 됐고, '나는 세상을 위해 이 일을 하고 싶은 거니까'라는 마음으로 바로 입주 신청을 해버렸다. 입주 신청과 함께 오피스 공간을 관리하는 매니저와 미팅을 했는데, 아직까지도 그날의 미팅이 생생하게 기억난다. 미팅 내용이 사무실 입주 상담이라고 하기에는 사뭇 인상 깊었기 때문이다. 이곳에 입주해 어떤 일을 할지, 그 일이 이곳에서 어떻게 더 잘될 수 있을지, 여기에서 원하는 것이 무엇이고 그걸 자신들이 어떻게 도울 수 있을지에 대해 세세하게 질문한 덕에 흥분을 가라앉히고 내 계획과 꿈을 차분하게 점검할 수 있었다. 미팅이 아닌 인터뷰에 가까웠다. 아니, 질문에 대답하면서 '내가 정말 이걸 원하는 게 맞나?'라는 생각도 했으니, 인터뷰를 빙자한 브랜딩 워크숍에 참여한 기분도 들었다. 입주가 결정되고 내 자리가 생겨 일하게 됐을 때도 이 기분은 계속 이어졌다. 같은 공간에서 일하는 사람들이 뿜어내는 조용하고 단단한 아우라를 매일 경험하는 것만으로도 활력이 생기고 꿈에 대해 늘 점검하게 되는 기이한 경험이었다. 혼자 일했지만 동료를 얻은 기분이기도 했다.

그렇게 1년간 헤이그라운드 공간을 이용했다. 옆자리 회사의 브랜딩 일을 하며 실제로 동료가 돼보고, 멤버십을 대상으로 하는 토크나 이벤트에도 참여하면서 헤이그라운드의 활동과 목적으로부터 많은 영향을 받았다. 내가 사회적인 일을 할 수 있는 사람인지 고민하면서 나에 대해 좀 더 알게 됐고, 사회적인 일을 한다는 것에 대해 간접경험을 할 수 있었다.

하지만 처음 입주할 때의 포부와 달리, 정작 입주한 후 스스로 겉돌면서 주춤하는 느낌이 들었던 것도 사실이다. 알 수 없는 벽을 느꼈다. 그리고 이 벽은 내가 이 공간에서 일하는 사람들과 충분히 연결될 만큼의 추진력이 부족했기에 맞닥뜨린, 나 스스로 만든 벽이라는 결론에 다다랐다. 아마 이곳이 아닌 다른 공간을 거점으로 출발했더라면 그때 꾸었던 꿈을 그렇게 쉽게 접지 못했을 수도 있다. 오히려 헤이그라운드에 입주했기에 확실하게 판단하고, 깔끔하게 털고 나올 수 있었다. 어째서 헤이그라운드는 이런 결정을 하도록 도와준 걸까? 대체 무슨 아우라를 뿜었기에 나의 비즈니스를 돌아보게 하고 나를 파악하게 했던 걸까?

헤이그라운드는 물리적 공간을 기반으로 하는 커뮤니티 브랜드다. 커뮤니티 브랜드는 브랜드 커뮤니티와는 비슷한 듯하나 꽤 다른 곳을 바라본다. 브랜드 커뮤니티가 브랜드를 응원하고 지지하면서 활성화되는 커뮤니티라면, 커뮤니티 브랜드는 커뮤니티의 조성과 활성화를 위해 일정한 브랜드가 이들을 뒷받침해주는 경우다. 브랜드 커뮤니티가 브랜드라는 한 점을 바라본다면, 커뮤니티 브랜드는 한 점에서 퍼져나가는 사람들의 다양성을 지원한다.

커뮤니티는 다양한 사람들의 집합이므로 다양성을 성공적으로 유지하며 운영할 수만 있다면 이를 기반으로 무한히 성장할 수 있다는 가능성을 가진다.

사회적인 일이라는 강력한 중심점을 바탕으로 모인 다양한 사람들이 각자의 방향으로 풍성한 성장을 할 수 있도록 지원하는 것, 이것이 바로 헤이그라운드가 성수동에서 해내는 일이다.

이들에게는 체인지 메이커, 코워킹, 커뮤니티, 사회문제 해결 같은 키워드가 있다. 이곳을 매일 드나드는 입주사 사람들은 구체적인 사회문제를 해결하는 체인지 메이커들이고(이어야만 하고), 그들이 모여 필요할 때 서로 협력하고 각자의 일을 통해 시너지를 내며 살아가는 그 공간이 바로 헤이그라운드다. 그들이 남다른 행보로 성수동을 접수할 수 있었던 것은 바로 이 키워드들 덕분이고, 이 키워드들을 꼼꼼하게 챙기고 진실하게 지켜가면서 발전하는 행동력이 이들의 강력한 힘이 됐다. 헤이그라운드의 특별함은 이 브랜드를 만든 루트임팩트의 회사 소개에서 찾아볼 수 있다.

루트임팩트는 사회 곳곳의 체인지 메이커를 발굴하고, 이들이 보다 지속가능한 형태로 문제를 해결할 수 있도록 돕는 비영리 사단법인입니다. 이를 위해 성수동을 기반으로 다양한 유·무형의 인프라를 구축하고, 체인지 메이커의 배움과 커리어 성장을 지원합니다.

미션: 선한 의지를 실현하고자 하는 사람들이 성장할 수 있도록 돕는다.

비전: 모든 사람들이 각자의 방식으로 사회문제 해결에 기여할 수 있는 세상.

이 소개가 단순히 멋진 문장에 그치지 않는다는 것은 2017년 오픈한 헤이그라운드가 이 책을 쓰는 2022년까지 어떤 길을 걸어왔는지만 보아도 알 수 있다.

오픈 초창기에 헤이그라운드 건물을 중심으로 기획된 네트워킹과 성장 프로그램들은 컨텐츠 브랜드로 독립해 더 많은 사람들에게 서비스를 제공한다. 입주사의 성장을 위해 맞춤형으로 제공하던 컨텐츠들은 그들의 성공적인 행보와 더불어 한층 촘촘하고 전문적인 짜임새를 갖췄다. 헤이그라운드 커뮤니티의 생생한 에피소드를 전달하는 팟캐스트 '헤이리슨'이 그 주인공인데, 이 프로그램은 헤이그라운드의 입주사 직원이 아니어도 누구든지 활용할 수 있는 컨텐츠를 생산하며 영역을 넓히는 역할을 한다. 또한 임팩트 조직 간의 연대를 더욱 강화하고, 정보의 구축과 교류를 촉진하며 임팩트 지향 조직 대표자의 리더십 성장을 지원하는 '헤이리더스'를 통해 더 깊고 단단하게 확장하고 있다.

헤이그라운드는 그들이 철저하게 이루고자 하는 의도를 기반으로 성장한다. 자연히 이 의도와 조금이라도 어긋나는 회사나 개인이 어쩌다 입주를 하면 갈등이나 고민이 생길 수밖에 없다. 하지만 뭔가 어색하고 불편한 느낌이 드는 것은 오히려 잘된 일이다. 어긋난 지점에 대해 성찰하게 해주고, 자신이 있을 곳을 확실

헤이그라운드가 성장하면서 만들어내는 하위 브랜드 헤이리슨과 헤이리더스. 모두 헤이그라운드에서 시작하여 바깥으로 향하는 열린 커뮤니티를 지원한다.

하게 찾아 나서도록 해주니 말이다. 브랜드의 의도는 브랜드가 성장해가는 동안 그들만의 오리지널리티를 점점 강화시킨다. 그리고 다시 그 오리지널리티를 통해 그들의 의도를 증폭시킨다. 영향력을 더 크게 키워가는 것이다. 이렇게 의도가 성과를 만들고 영향력을 키워가는 단계에서 꼭 필요한 것이 있는데, 이 모든 과정을 안전하고 단단하게 해주는 연결고리인 브랜드 생태계, 즉 '판'이다.

밸류체인이 브랜드 자체의 힘을 키우는 내부적 연결이라면, 네트워킹은 브랜드의 의도가 외부와 연결되는 행위다. 스스로의 밸류체인을 확실하게 파악하고 나면 자신과 비슷하거나 대치되는 브랜드들이 눈에 들어오고, 내가 속한 판이나 속하고 싶은 판이 눈앞에 펼쳐진다. 자연스럽게 네트워킹에 대한 니즈가 생기는 것이다.

네트워킹은 와인잔을 기울이는 사교 활동이 아니다. 다양한 브랜드의 의도가 연결된 선이다. 자신의 의도와 손잡을 수 있는 또 다른 브랜드와의 연결이 바로 네트워킹이라는 선이다. 그리고 이 선들이 연결되면서 만들어지는 면은 판이 된다. 따라서 판에는 수도 없이 많은 의도들이 북적거린다. 이 북새통을 뚫고 얼마나 강력한 메시지를 전달할 수 있느냐에 따라 판 안에서의 성과가 결정될 것이다. 강력한 판은 강력한 단일 브랜드보다 훨씬 많은 고객을 끌어모으는 능력을 가진다. 자연히 모여든 고객들은 각자 자기 취향에 맞는 브랜드를 찾아 돌아다니며 판을 즐기게 될 것이다. 마음에 드는 연결선에 올라타서 말이다.

헤이그라운드는 판을 만들고 그것을 넓혀가려는 시도를 계속하는 판 브랜드, 즉 플랫폼 브랜드로 성장하고 있다. 플랫폼 안으로 좋은 브랜드들을 더 많이 담고 연결해가면서 그들의 의도와 성과를 강화하는 것이 이들의 목표다. 커뮤니티, 코워킹, 임팩트라는 주제 아래 헤이그라운드만이 할 수 있는 섬세하면서 현실적인 중간자 역할을 더 확실하게 해내는 것이 눈에 보인다.

헤이그라운드는 소셜 스타트업 임팩트 투자기관이자 파타고니아가 만든 재단인 틴쉐드벤처스를 초대해 성수동 소셜 스타트업 씬과 교류하고 대화하는 장을 만들기도 했고, 지속가능한 기업을 인증하는 글로벌 운동인 '비콥B Corp'의 국내 확산을 지원하는 '비랩코리아B Lab Korea'나 글로벌 체인지 메이커의 성장을 지원하는 '아쇼카Ashoka'의 한국 법인 '아쇼카코리아Ashoka Korea' 등을 초기 입주사로 받아들여 함께 컨텐츠를 개발하면서 국내 체인지 메이커들의 더 큰 진출을 돕기도 했다.

이러한 활동들을 통해 그들이 전달하고 싶은 메시지가 무엇인지는 헤이그라운드를 만든 루트임팩트의 비전에서 다시 확인할 수 있다. '모든 사람들이 각자의 방식으로 사회문제 해결에 기여할 수 있는 세상'을 만들자는 것.

1년 남짓 헤이그라운드에서 다양한 감정을 경험했던 사람으로서 한마디만 살짝 덧붙이자면 '모든 사람들이 각자의 방식으로 사회문제 해결에 실제 성과를 내도록 기여할 수 있는 세상'이 더 정확한 표현 아닐까 싶다. 결국 성과를 내는 회사들만이 헤이그라운드에 남게 되는 것만 봐도 알 수 있다. 브랜드를 연결하고, 그 자신도 다른 브랜드와 연결돼 얽히는 과정에서 성장하려면 실제로 엄청난 에너지와 감각, 전략이 요구된다. 이 모든 것이 '진짜로 세상을 변화시키려는' 의도 없이는 할 수 없는 일이다.

주어진 판 안에서 고객을 나누어 갖는 1/N 전략으로는 더 이상 게임을 지속하기 힘들 만큼 경쟁이 치열하다. 카페 옆에 카페, 빵집 옆에 빵집이 입점하니 아무리 봐도 제 살 깎아먹기처럼 보인다. 빵집과 카페를 의도로 연결하여 고객들에게 그 마음을 전달하는 수밖에 없다. 판 속에서 연결돼 판의 힘을 키워나가는 것이 진정한 해결법이라는 것을 헤이그라운드가 짚어주는 것처럼 말이다.

영리하고 좋은 브랜드일수록 그들만의 네트워킹, 그들만의 판을 만들어가는 흐름 속에서 플레이한다. 그들만의 판은 그들만의 리그와는 엄연히 의미가 다르다. 그들만의 판은 열린 마음으로 세상을 초대해 각자의 힘을 기꺼이 공유하며 함께 성공해가려는 자세이자 행동이다. 명확한 의도를 투명하게 드러내고, 위계 없이 손잡는 브랜드들을 보면 화통함마저 느껴진다.

내 브랜드는 연결돼 있는가? 연결하고 있는가? 맞잡은 손을 통해 연결된 브랜드들의 의도가 양쪽으로 막힘없이 흐르고 있는가? 이 연결은 어떤 메시지를 세상에 전달하고 있는가? 연결고리에서 내 브랜드가 어떤 역할을 하고, 어떤 구성에 속해 있는지, 그 연결의 의미를 증폭시키기 위한 강점을 가지고 있는지 다시 한 번 들여다보자.

연결을 핵심으로 삼아 메시지를 발신하고 결과적으로 수익을 창출하는 브랜드 중에 개인적으로 자주 애용하게 된 플랫폼이 있다. 공장과 소비자를 직거래로 연결하는 '단골공장'이라는 브랜드다.

단골공장은 '한반도 제조업의 멸종'이 언급되는 이 시대에 믿을만한 공산품을 생산하는 공장을 찾아내 소비자와 연결하는 역할을 한다. 말 그대로 '메이드 인 코리아'를 달고 나올 컨텐츠를 캐내는 것이다.

직접 판매까지 할 여력은 없지만 제품만큼은 끝내주게 뽑아내는 연륜 있는 공장, 국내 근대 산업의 주축을 이루면서 전통 산업의 현대화를 실현해온 족보 있는 공장, 독보적인 기술력을 기반으로 소비자의 마음을 사로잡을 상품을 스스로 개발하는 능력 있는 공장 등 놓치기 아까운 공장들을 쏙쏙 찾아낸다. 그리고 이 우직하고 성실한 공장들이 요즘 시대와 만날 수 있도록 컨텐츠를 제작하고 소비자와 연결될 수 있는 플랫폼을 만들었다.

대부분의 제조업이 중국과 동남아시아로 옮겨가 국내 생산 제품을 찾아보기 힘들어진 때, 국제적인 품질을 자랑하는 국내 제조업체엔 직접 고객과 연결되는 거래를 통해 수익 창출의 기회를 주고, 소비자에겐 믿을 수 있는 좋은 제품을 구할 수 있도록 하는 것이다. 단골공장을 운영하는 '팩토리얼'의 홍한종 대표는 단골공장의 가치에 대해 이렇게 설명한다.

"단골공장만의 소비자와 생산자를 '연결'하는 것이 저희가 중요하게 여기는 가치입니다. 생산자에게 직접 들은 공장의 이야기를 세상에 전하고 단골의 피드백을 공장에 잘 전달해 계속 더 좋은 제품이 나오고 투명한 거래가 이루어지도록 돕는 것이 저희의 역할이라고 생각합니다."

놀랍게도 홍한종 대표는 처음부터 소셜벤처로서의 가치관을 갖고 이 사업을 시작한 것은 아니라고 한다. 오히려 단골공장의 일을 해나가는 과정에서 많은 소비자들로부터 가치 있는 소비에 대한 욕구가 충족된다는 피드백을 얻게 되었고, 이 반응을 기반으로 브랜드의 방향을 '좋은 공장에서 태어난 좋은 물건을 판매하는 것'으로 잡아갔다는 것이다. 이런 설명을 듣자니 회사의 밸류체인과 임팩트체인이 오버랩되기도 한다. 하다 보니 이렇게까지 됐다는 그의 고백은 잘나가는 사회적기업가의 입에서 꽤 자주 등장하는 멘트다. 동시에 우리가 너무 빨리 포기해왔던 지점에 대한 이야기이기도 하다.

국내 공장들이 하나둘 문을 닫는다는 소문은 꽤 오래전부터 들어왔다. 이것저것 물건 만들 일이 많은 디자이너 입장에서 이 소문은 두렵기까지 했다. 기념품으로 때수건을 만들고 싶다는 클라이언트의 요청으로 때수건 공장을 찾아나섰는데 국내에 한 곳만 남았다는 소식을 들은 적도 있었고, 최근에는 내가 원하는 크기의 상자를 제작하는 공장이 딱 두 곳뿐이라 내 차례까지 한참을 기다려야 하는 사태를 겪은 적도 있다. 이러니 나로서는 점점 물건을 만들지 않고 일을 해나갈 수 있는 방법, 즉 플랜 B를 찾는 것이 최선이라 생각하는 것이 자연스러운 수순이었다. 반드시 만들어야 하는 물건들이 있지만 내가 공장을 살릴 물량만큼 발주할 수 있는 것도 아니니 어쩔 수 없다고 생각하면서 말이다.

하지만 이건 나를 '주체자'로만 인식했을 때의 이야기다. 왜 내가 연결자가 될 수 있다는 생각은 못했을까? 공장 한 곳을 살릴 만큼의 발주를 따낼 수는 없어도, 그의 실력을 인정하고 그들의 품질력에 순순히 지갑을 열 수 있는 사람들을 찾아내 연결하는 비즈니스를 '어쩌다 보니' 하게 됐다는 홍한종 대표의 인터뷰를 읽고 나는 의문의 1패를 해버렸다.

그가 의도했든 안 했든, 로컬 산업 생태계의 지속가능성을 높이고 고용과 생산의 비중을 지키는 단골공장의 역할은 SDGs 항목 중에서 '혁신과 인프라' 관련 비즈니스가 되었다. 단골공장은 2017년 2월 소셜벤처 인큐베이터 소풍벤처스의 액셀러레이팅 투자 프로그램 3기에 선정돼 투자 유치에 성공하기도 했다.

물론 직거래라는 비즈니스 모델이 아주 새로운 것은 아니다. 단골공장은 익숙한 구조에 새로운 아이템으로 신선한 사업을 만들어냈고, 상대적으로 희소하게 느껴진 덕분에 그 성과를 비즈니스로 이어갈 수 있었다.

단골공장 이전에 우리에게는 '아는 농장'이라는 개념이 있었다. 아는 농장 한 곳쯤은 있어야 식탁에 차린 음식의 질이 높아진다는 암묵적인 룰 같은 것이었다. 그중에서도 참기름, 들기름, 고춧가루같이 품질 확인이 필수적인 품목이라면 아는 농장의 힘은 더욱 빛을 발하게 된다. 아는 농장의 영업 비밀은 입소문이다. 친구로부터, 가족으로부터 전해 받은 농장의 전화번호는 특권이자 특급 정보니까.

하지만 역시 좋은 것은 더 많은 사람에게 알려져야 하는 법! 아는 농장의 특혜를 세상에 나누기 위해 다양한 형태의 유통 브랜드가 세상에 나온 지도 수년이 흘렀다. 농장 직거래라는 관습을 이어받으면서 자신만의 방식으로 도시 사람들에게 좋은 농산물을 전하는 곳들이 많아졌다.

한살림, 두레 등의 생활협동조합이나 새농마트 같은 중도매 마켓은 오랫동안 쌓아온 연륜과 노하우로 단골 고객을 확보했고, 농부시장 마르쉐와 같은 비상설시장이나 마켓컬리, 오아시스 등의 이커머스, 농장에서 직접 운영하는 개인 채널은 각자의 방식으로, 즉 그들이 만날 수 있거나 만나고 싶은 다른 층위의 고객과 연결돼 농산물 직거래의 범위를 확장시켰다.

이렇게 농장과 소비자의 거래가 다양한 방식으로 활성화되다 보니 자연스레 농산물의 유통 구조가 예전보다 투명해지는 효과가 생겨났다. 더 많은 정보를 얻게 되었기 때문이다. 자연스럽게 기존 농산물 유통의 오류도 세상에 공개됐는데, 이 현상을 영리하게 활용해 탄생한 비즈니스가 바로 파치 농산물 플랫폼이다. 즉 '기존 유통 방식이 못하는 일'로부터 탄생한 새로운 비즈니스다.

현재의 물류 시스템하에 유통되는 채소는 크기와 형태가 정해져 있고 정해진 기준에 의해 가격이 매겨지며, 기준에 미달하는 생산품은 B급, 즉 파치라는 이름으로 분리돼 탈락한다. 맛과 품질에 하자가 없는데도 폐기되는 이유가 단순히 대형 유통망에 올라타지 못했기 때문이라니 억울하다.

  그런데 이러한 현실의 상황과 정보를 알아낸 누군가가 파치를 구제하겠다고 나타났다. 심지어 '못난이 채소'라는 귀여운 이름까지 붙여 파치 부활전에 나섰고, 이들을 위한 별도의 플랫폼 브랜드들이 만들어졌다. 이 비즈니스 모델을 누가 가장 먼저 만들었는지는 알기 어렵다. 하지만 적어도 이 비즈니스에서만큼은 누구의 아이디어로 시작됐는지보다 실제로 얼마나 많은 파치들을 연결해서 살려내는지가 훨씬 중요하다.

  파치가 직면한 현실은 세상이 공감하는 보편적 사실이었기에 이 문제를 해결하기 위한 플랫폼 비즈니스는 순식간에 퍼져나가 점점 익숙한 비즈니스가 돼가고 있다. 누가 이런 기발한 생각을 했는지 궁금해하는 사람도 없고, 내가 생각해낸 아이디어라고 어필하는 사람도 없다. 이 아이디어에 대한 권리가 보장돼 누군가가 독점적으로 사업을 벌이고 이익이 집중되는 것으로는 문제를 해결할 수 없다는 사실을 모두가 알고 있기 때문이다.

파치 비즈니스는 세계 곳곳의 억울한 채소가 더 많은 사람들에게 더 촘촘히 연결돼 더 이상 허망하게 버려지지 않는 것, 안타까운 일이 덜 생기는 것을 성공이라 정의한다. 즉 흔하다고 느낄 만큼 일상적인 비즈니스로 발전해 판이 넓어질 때 그 진가를 발휘하는 것이다. 따라서 더 많은 사업자들이 몰려들어 지역을 하나씩 맡아 해결하고 그들끼리 연결돼 유용한 정보를 공유하는 것이 중요하다.

고맙게도 우리나라에서도 크고 작은 플랫폼들이 서서히 파치를 취급하기 시작했다. 이들은 더 큰 유통망에 입점하기도 하고, 구독 서비스로 발전하기도 하고, 이벤트를 기획하거나 컨텐츠로 가공되기도 하고, B2B로 대량 거래를 만들어내기도 하는 등, 다양한 변주를 통해 브랜드 각자의 마켓을 구축해나가고 있다.

유통에는 성공했지만 소비자의 선택을 받지 못해 버려지는 멀쩡한 식재료들을 모아 필요한 곳에 연결하는 플랫폼도 생겨났다. 오즈하베스트Oz Harvest는 호주의 '공짜' 슈퍼마켓 브랜드다. 2004년 설립돼 지금까지 망하지 않고 오히려 끊임없이 지점을 확장하면서 성장 중인 이 신기한 브랜드는 주요 후원사로부터 "더 많이 기부할 테니 이 일에 전념해달라"는 부탁까지 들었다고 하니 실로 엄청난 일을 하는 것이 분명하다.

오즈하베스트는 사회구성원이 기부한 시간, 돈, 음식을 연결해 사회문제를 해결한다.

오즈하베스트는 '음식 기증자 네트워크'를 만들어 호주 전역의 각종 이벤트, 레스토랑, 카페, 항공사, 슈퍼마켓들을 연결한다. 이 네트워크는 매일 남는 음식(유통기한이 지났지만 상하지 않아 먹어도 전혀 문제가 없는 음식)을 기증받는다. 기증받은 음식을 그들의 '공짜 슈퍼마켓' 공간에 진열하고 무료 혹은 자율 기부의 형태로 필요한 이들이 가져갈 수 있도록 한다. 불쌍한 이들에게 일방적으로 기부하는 것이 아니다. 지원이 필요한 사람들이 다른 고객들 사이에 섞여 함께 쇼핑한다. 쇼핑이 끝나면 각자 자기 상황에 맞게 자율 기부를 하는 시스템이라 누가 돈을 안 냈는지, 얼마를 냈는지는 드러나지 않는다. 이들의 가치에 공감하는 사람들이 함께 슈퍼

마켓을 이용하도록 설계했으니 기부하는 자와 기부받는 자의 보이지 않는 위계 같은 것도 자연히 줄어들게 된다. 이토록 효율적인 순환을 만들어낸 오즈하베스트의 재치 있는 행보는 갈수록 많은 사람들의 공감을 불러일으켰다.

오즈하베스트의 성장은 호주 정부에도 영감을 주어 2005년 관련 법률을 개정하기에 이른다. 꾸준히 음식물 쓰레기에 대한 어젠다를 확장시켜 정부와 협력을 맺고 2030년까지 음식물 쓰레기를 50% 줄인다는 정책 목표도 세웠을 만큼 그 영향력을 키웠다. 2년 후인 2017년에는 UN이 그와 동일한 목표를 발표했다고 하니, 연결이 성과를 낳고 그 성과가 다시 더 큰 연결과 성과로 이어진 셈이다. "브랜드 성장이란 바로 이런 겁니다!"라는 당당한 목소리가 여기까지 들려오는 듯하다.

이 모든 비즈니스들은 사실 따지고 보면 전통적인 유통 브랜드들이 만들고 사용하며 발전시켜온 시스템을 그대로 취한 것이다. 생산자와 소비자를 연결해 중간자로서의 수익을 창출하는 방식 말이다. 달라진 점이 있다면 이들은 기존 아이템의 구성을 바꾸거나 연결 지점을 재배치하면서 역할의 오리지널리티를 만들었다는 것이다.

'어떤 연결'을 결정하는 것은 '어떤 의도'다. 진짜 그 일을 해낼 것인가에 대한 답이 브랜드 가치를 결정짓는다. 높은 기술력과 규모 있는 활동을 통해 론칭하는 브랜드는 신규 고객을 끌어들이기에 충분한 매력을 지닌다. 하지만 이른바 '오픈 빨'이 사라진 후에도 재구매와 함께 지속적인 신규 구매를 유도하려면 진정성을 유지하는 것은 물론, 더 큰 판에서 더 많은 플레이어와 연결돼 브랜드의 역할과 일을 확장시켜야만 한다.

브랜드의 의도가 존재한다면 그 의도를 현실로 만들려는 행동만이 진짜 연결을 이끌어낼 수 있다. 연결의 목적, 대상, 방식은 모두 의도에 따라 계획되고 성장한다. 명확한 의도는 성숙한 연결을 만들고, 이 연결들이 모여 확장된 판을 만들며, 판의 확장은 그 품으로 좋은 고객을 더 많이 끌어들여 브랜드 의도를 계속 강화한다.

나 역시 브랜딩을 직업으로 삼은 사람으로서 브랜드를 만들어서 좋은 브랜드로 성장시키고 싶은 욕망이 언제나 있다. 브랜드들이 연결돼 시너지를 낼 수 있다는 것도 알고 있으니 열심히 연결고리나 모임을 찾고, 인정받고 싶은 네트워크를 마음속에 적어놓기도 했다. 헤이그라운드에 입주했던 것도 그런 노력 중 하나였을 것이다. 하지만 단순히 좋은 브랜드 주변에 있거나 그들을 알고 지낸다는 것만으로 내 브랜드의 의도를 긍정적으로 확장시킬 수는 없다. 부족하다. "지금부터 우리 친구 합시다!"라는 식의 호기로운 사교는 보기에는 힙하지만 지속가능성이 없다.

진심으로 연결된 브랜드에는 그 브랜드를 만드는 사람들까지도 진심으로 연결하는 힘이 있다. 그들이 삶을 바라보는 관점, 살아가는 방식은 당연히 그 브랜드의 관점 및 방식과도 맞닿아 있기 때문이다. 과하게 들릴지 모르지만 당연한 말이기도 하다. 브랜드는 브랜드를 만드는 사람들과 함께 성장한다.

앞으로의 사회는 수많은 '어떤 연결'들을 기반으로 성장할 것이다. 투명하게 의도를 드러내고 제대로 연결된 브랜드들이 취할 이윤과 성장은 사회적 가치 상승과도 긴밀하게 엮여 있다.

아웃도어를 즐기다 필요한 것을 만들었을 뿐인데 어쩌다 보니 기업가가 되었다는 쉬나드 회장이나 경쟁력 있는 아이템을 찾아 일을 발전시켰을 뿐인데 사회적인 역할을 하게 됐다는 홍한종 대표처럼, '하다 보니 여기까지 어찌어찌 이렇게 흘러왔다'는 브랜드들도 더 많이 등장할 것이다. 사회적 가치를 향해 변화하는 것이 브랜드 업계의 상식이 돼가기 때문이다. 진정성으로 삶의 승부수를 던진, 숨은 히피 같은 강자들이 파타고니아와 단골공장의 계보를 이어 브랜딩 업계로 와주었으면 하는 기대를 버릴 수 없는 이유다.

헤이그라운드를 나오면서 매니저에게 "여기 더 머무르면서 성공을 맛보고 싶었는데 아쉽네요"라고 농담 섞인 메일을 보냈더니 "지금보다 성장해서 헤이그라운드로 돌아오시는 방법이 있습니다!"라는 답신이 왔다. 오랜만에 이 메일을 다시 찾아 읽으며 멋진 브랜드들에 대해 적자니 '혹시 내가 그 계보를 언젠가 이을 수 있을지도'라는 기분 좋은 상상을 하게 된다. 벌써부터 설렌다.

우리 브랜드를
어떤 메시지로 연결할지 찾아라

브랜드가 사람들에게 공감을 얻을 수 있는 두 가지 방법이 있다. 불편함을 해소시키거나, 욕구를 실현해주는 것이다. 자신의 길을 찾기 위해서는 당연히 가장 먼저 스스로를 들여다보는 것부터 시작해야 한다. 나는 어떤 불편함에 연결돼 있나? 혹은 어떤 욕구에 연결돼 있나? 이 지점을 찾아내면 그다음에 우리가 어떤 '가치', 어떤 '업계'로 발전할 수 있는지를 알 수 있다.

체인지 메이커들의 원활한 성장을 원하는 헤이그라운드는 자신의 의도를 쾌적한 공간, 시너지를 일으키는 관계, 풍성한 컨텐츠와 연결하는 사업 모델을 만들어냈다. 품질 좋은 물건을 생산하는 국내 공장을 찾아낸 단골공장은 소비자가 그 공장의 품질력에 대해 더 잘 알아주기를 욕망했고, 공장이 소비자와 연결되지 못하는 불편한 상황을 포착해 플랫폼 사업을 성장시켰다. 멀쩡한 채소나 식재료가 쓰레기로 변하는 것이 불편했던 파치 구제 플랫폼과 오즈하베스트는 이들을 활용하고자 하는 욕망을 가진 소비자를 찾아 연결하는 사업 모델을 만들었다.

나는 무엇이 불편한가? 혹은 무엇을 원하고 있나? 그동안 꾹 눌러왔던 마음을 찾아보자. 그리고 그 마음을 브랜드적 관점으로 꺼내보자. 이 불편함을 어떻게 해소할 수 있을까? 이 욕구를 어떻게 하면 충족할 수 있을까? 나의 욕구와 불편함에 연결될 수 있는 고객은 누구일까? 나의 이런 감정으로 연결될 수 있는 다른 브랜드는 어디에 있을까?

어떻게 세력을 키울까?
신념으로 연대하기

작년에는 한 해의 절반을 강원도 횡성 시골집에서 지냈다. 고백하건대 이곳에 오기 전 아버지께 시골에서 한번 살아보시면 어떻겠냐고 권한 것도, 어떻게든 집을 찾아내서 직접 모시고 간 것도 사실 내가 오래전부터 작정한 일이었다. 어릴 적부터 명절이나 방학만 되면 시골에 사는 친척이 부러웠던 나는 어른이 돼서도 '강아지가 뛰어놀 마당과 밭이 있는 집'이라는 로망을 버리지 못했으니 아버지 덕분에 드디어 오랜 꿈을 이룬 셈이다.

그러나 마당과 강아지와 밭이 있는 시골집이 생겼다며 들뜬 것도 잠시, 처음 겪어보는 시골집의 모든 컨디션에 적응하느라 꽤 노력할 수밖에 없었으니, 과연 도시에 최적화된 몸뚱이답다.

자연에 있는 집은 자연의 컨디션을 그대로 수용하기 마련이다. 수시로 변하는 온도와 습도에 적응하는 데에만 상당한 시간과 인내심이 필요했고, 못 견디고 뛰쳐나가 방황하는 것이 일상이었다.

내 몸에 붙어 떨어지지 않는 온도와 습도를 어쩌지 못할(?) 때마다 내면의 평화를 찾게 도와준 곳은 읍내 카페와 이마트24였다. 습도와 온도가 일정하게 유지되는 편안함과 익숙함을 제공하는 장소, 도시가 아닌 곳에서 살아본 적 없는 내가 강원도 시골에 적응하기 위해 나름대로 찾아낸 은신처 같은 곳이었다. 깊은 산골 같은 동네에도 마음에 드는 카페가 있고 편의점에서 익숙한 와인을 살 수 있다는 것은 아무리 봐도 신의 한 수다. 익숙함 속에서 새로운 시도를 할 수 있다는 것은 누가 뭐래도 큰 행운이다.

라이프스타일 트렌드를 소개하는 책에서 '듀얼러dualer'라는 단어를 본 적이 있다. 서울과 지방을 오가며 살아가는 사람들을 지칭하는 신조어로, 앞으로 듀얼러들의 숫자는 점점 더 늘어날 거라고 한다. 이런 흐름이 자리를 잡아가는 데에는 여러 배경이 있겠지만, 아무래도 '익숙함'의 정서를 제공하는 수많은 카페와 마트가 꽤 큰 역할을 했을 거라고 생각한다. 나 자신이 이미 체험을 통해 증명하고 있듯이.

익숙함을 주는 대표적인 존재를 꼽으라면 뭐니 뭐니 해도 프랜차이즈다. 일관된 브랜드 경험을 할 수 있고 예측 가능한 상품을 살 수 있다. 새로운 것에 적응하는 에너지를 쓰지 않게 익숙한 편안함을 제공하는 전략은 맥도날드와 스타벅스 등장 이후로 프랜차이즈의 진리가 됐다. 일관성 있는 브랜딩이 중요해진 계기이기도 하다.

그런데 재미있는 것은 프랜차이즈에서 느낄 수 있는 익숙함과 편리함을 언젠가부터 로컬 브랜드에서도 느낄 수 있게 됐다는 것이다. 이게 무슨 원리일까? 로컬 브랜드의 취지를 간략히 정리해보면 '그 지역만의 독특한 컨텐츠와 감성을 비즈니스를 통해 전달하고, 최종적으로는 지역사회와 함께 새로운 산업 생태계를 조성한다'는 것인데, 아이러니하게도 내가 로컬 브랜드를 좋아하는 이유는 이 취지와는 조금 다른 곳, 바로 프랜차이즈의 장점과 만나는 지점에 있다.

요즘의 로컬 브랜드들은 암묵적으로 '지방에는 정말 없을 것 같은' 느낌을 고객에게 제공해야 한다는 책임감을 숙제처럼 안은 듯하다. 브랜딩을 통해 산뜻하게 탄생할 것, 그 산뜻함을 통해 오래된 마을에 활력을 불어넣겠다는 미션을 공통적으로 수행하는 느낌이랄까. 그 덕분에 서울에서 늘 접했던 익숙한 분위기를 로컬 브랜드에서도 자연스럽게 느낄 수 있게 됐다. 이들이 다루는 컨텐츠에는 지역만의 고유성이 담겨 있으면서도 이를 표현하는 방식의 완성도나 분위기는 대체로 서울 핫플레이스의 수준을 유지한다. 여행을 하다가 "어, 여기 연남동 같다", "이 카페는 서촌 스타일이군"이라는 말이 곧잘 튀어나오니 말이다. 물론 어딜 가도 비슷한 분위기의 브랜드들을 만난다는 말이 언뜻 긍정적인 메시지로 들리지 않을 수 있다. '우리나라 사람들은 정말 독창성이 없다, 잘 따라 한다, 아무렇지도 않게 남의 것을 카피한다' 등의 익숙한 비판으로 번져갈 수도 있겠다.

하지만 만약 이들이 따라 하는(?) 모델이 그 지역에서 정말 긍정적인 역할을 하고 있다면? 먼 곳까지 나가지 않아도 잠깐은 쾌적하게 쉴 수 있는 공간이 있고, 택배비를 들이면서 쇼핑하는 수고를 덜어주는 숍이 가까운 곳에 있다면? 그곳이 여행자와 귀촌인에게 안정감을 주는 공간으로 자리매김하고 있다면? 그들이 오리지널 브랜드의 상업성과 창작세계를 넘보는 게 아니라 오히려 그들과 함께 판을 넓혀 '윈윈'할 수 있다면?

제품의 품질이나 기능을 넘어, 브랜드가 제공하는 경험과 지향하는 신념이 구매의 기준이 되고 있다. 제품과 서비스를 판매하는 행위는 브랜드의 의도와 신념을 전달하는 매개체로 쓰이고, 브랜드는 자신이 사는 세계에 사람들을 초대하고 연결하려 노력한다.

이러한 원리가 신나게 작동하는 세계가 있다. 최근 상승세를 계속 타고 있는 '제로웨이스트' 세계와 그곳에서 살아가는 브랜드들의 활동에 대한 이야기다. 제로웨이스트란 사용한 물건이 폐기나 소각으로 끝나지 않도록 쓰레기를 최소화하고, 발생한 쓰레기는 최대한 재활용하는 행동이다. 순환경제 시스템이 라이프스타일로 구현된 모습이다. 쇼핑할 때에는 장바구니를 사용하고, 카페에서는 음료를 텀블러에 담아 일회용품 사용을 줄이는 것이 일상에서 쉽게 실천할 수 있는 제로웨이스트 활동이다. 폐기물을 줄이면 생산과 폐기 공정이 축소되어 환경오염도 줄어들고 원재료에 대한 수요도 줄어들기에, 전반적인 비용 절감도 가능하다는 게 제로웨이스트의 핵심이다.

제로웨이스트는 환경문제의 대안을 찾는 이들에게 꾸준한 호응을 받으며, 일시적 유행에 불과할 것이라는 예측을 뒤집고 하나의 라이프스타일로 자리 잡았다. #zerowaste 태그를 달고 이미지를 공유하면서 자신의 실천담을 인스타그램에 올리는 사람들이 전 세계적으로 늘어나고 있음은, 제로웨이스트 라이프스타일이 일상과 100% 직결되는 솔루션을 제시하는 매력을 가지기 때문이다. 그리고 자연스럽게 이들의 라이프스타일을 지원하려는 브랜드들이 리빙 섹션을 중심으로 빠르게 성장하고 있다.

재미있는 건, 이 브랜드들이 만들어내는 물건들이 새롭다고 하기엔 너무도 익숙한 아이템들이라는 거다. 특히 어르신들에게는. 바싹 건조된 수세미 열매를 잘라서 설거지를 하고, 신문지나 소포 종이로 물건을 포장하는 것은 어르신들이 살아왔던 시대에는 당연한 일이었다. 비닐과 플라스틱이 귀하던 시절의 오래됐지만 살짝 예쁜 옷으로 갈아 입고 새로운 라이프스타일로 대두된 것이다. 지루하고 당연하게 느껴졌던 일이 시각적인 환기와 신념의 첨가로 완전히 새로운 이미지로 탈바꿈하는 데 성공했다. 이제부터는 더 많은 사람들을 참여시킬 수 있도록 돌진하는 일만 남았다.

'보틀팩토리Bottle Factory'는 우리나라 제로웨이스트 1세대 기업이다. 버려지는 비닐이나 플라스틱 포장재가 없는 일상용품을 팔고 세제와 화장품을 빈 병에 리필할 수 있는 리필스테이션을 운영하는 제로웨이스트숍과 포장재 없이 식재료를 파는 그로서리숍, 일회용품 없는 카페를 담은 공간 '보틀라운지'를 운영한다. 인근 주민과 함께하는 '보틀클럽'은 다회용 컵인 '리턴미컵' 대여 시스템을 만들어 출근할 때 커피를 담아간 컵을 하루 동안 잘 쓰고 퇴근할 때 반납하는 문화를 만들었다. 보틀팩토리는 이러한 활동에 동참할 수 있는 동료 브랜드들을 찾아내 매년 그들과 함께 캠

일회용 컵 대신 텀블러에 음료를 담아 빌려가고 반납하는 '보틀클럽'은 사람들을 끌어모으고 연결하면서 브랜드의 신념을 확장시키기 시작했다.

페인을 펼치는 '유어보틀위크'를 개최하고, 일회용 컵 없는 카페들과 제로웨이스트 활동을 함께하는 '제로클럽' 앱도 운영한다. 전국에서 쓰지 않는 텀블러를 기부받아 행사 케이터링에서 사용하는 '쓰레기 없는 케이터링'과 일회용품 없는 동네시장인 '채우장'도 운영 중이다. 제로웨이스트의 원칙을 모든 사람들의 일상으로 가져오는 것이 보틀팩토리의 꿈이기에 이렇게나 다양한 시도를 하는 것이다. 물론 고민도 있다. 다양한 컨텐츠를 유지하면서 더 많은 지역에서 더 많은 사람들에게 활동을 전하기에 여력이 부족한 것이다.

보틀팩토리와 비슷한 시기에 만들어진 수많은 제로웨이스트 브랜드들이 각자의 지역에서 자신의 커뮤니티를 만들어 열심히 행동하게 된 것은 다행임과 동시에 당연한 흐름이다. 전국 방방곡곡에 제로웨이스트 생산자와 가게들이 꾸준히 생기고 있다. 이 느슨한 동맹이 앞으로 더 넓어지고 강해지는 것은 시간문제다.

브랜드의 신념에 공감하는 고객을 끌어들여 더 많은 수익 모델을 창출하려면 유사 업종의 도움이 필수적이다. 제로웨이스트 라이프를 살아가는 고객의 일상과 취향을 계속 충족시키려면 더욱 전방위적인 라인업이 필요하고, 이는 자연스럽게 비건 제품 브랜드나 업사이클링 브랜드의 성장을 기대하는 마음으로 이어진다.

유어보틀위크에서는 다양한 기획의 워크숍을 진행할 게스트가 매년 초대된다. 동물과 쓰레기의 관계에 대해 알려줄 수 있는 전문가나, 자원의 순환과 자급에 대해 이야기해 줄 전문가가 더 많아지기를 바라게 된다. 단독 브랜드의 규모와 깊이를 키워나가려면 적정한 비슷한 신념을 갖고 일하는 사람들의 성장을 응원하는 마음이 필요할 수밖에 없다. 더 많은 사람들에게 가닿는 것이 중요한 브랜드라면 '각자의 위치에서 최선을 다하고 다른 곳의 동료

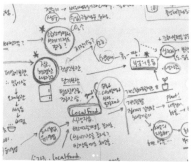
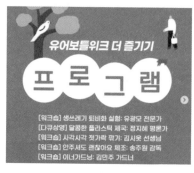

보틀팩토리에서는 비건, 동물의 권리, 성평등, 장애인 권리에 대한 일을 하는 사람들이
모여 연결된 신념을 공유한다.

들과 협력한다'는 성향을 띨 수밖에 없다.

프랜차이즈는 아니지만 마치 프랜차이즈처럼 어딜 가도 살 수 있는 상품이나 사용할 수 있는 서비스를 그들 사이의 동맹을 통해 제공하고, 서서히 이 사업을 일상의 깊숙한 곳으로 배치하는 것이 핵심 전략이다.

나는 의도, 컨셉, 기능이 유사한 브랜드들이 서로 연결돼 그 세력을 키워가는 데에 언제나 찬성한다. 아니, 적극적으로 환영하고 추천하고 응원한다. 서로의 영역을 지켜주면서 합리적으로 연대하는 브랜드들의 연결이 우후죽순 생겨나는 모습을 보고 싶다. 다양하고 폭넓은 지역으로 퍼지는 브랜드의 연결로부터 수집되는 데이터는 전체적인 오류를 줄이고 성장을 촉진할 것이다. 이런 방식으로 세력을 키워가는 브랜드들의 성장은 하나의 아이템을 빠르게 유행시키려는 대박과는 다르다.

벌집아이스크림이나 커피번, 대만 카스테라 같은 대박 상품 유행이 폐허로 끝나는 것을 우리는 수없이 봤다. 히트할 만한 제품을 찾아 유행시키는 행위는 제품 경쟁으로 시작해 가격 경쟁으로 바뀐다. 그리고 모두가 불타 끝나버린다.

유사한 신념을 바탕으로 뭉친 브랜드들이 만들어가는 유행은 치열한 일회성 유행과는 다르다. 브랜드 신념을 기반으로 다양한 브랜드가 함께 성장하기 위한 유행은 넓고 일상적으로, 오래가는 것을 목표로 한다. 뿌리를 내리는 행위에 더 가깝다.

좋은 브랜드들의 신념 동맹은 유사성을 기반으로 하되, 각자의 지역 안에서 영업을 책임진다는 특징이 있다. 여기서 '각자의 지역'이란 권리인 동시에 의무다. 자신이 맡은 지역에서는 확실하게 자신의 존재감을 빛낼 수 있고 그래야만 한다.

지역 곳곳에 흩어져 꼭 필요한 일들을 해내며 서로 연대하는 로컬 브랜드들은 실제로 다양한 임무를 각자의 장소에서 수행한다. 요식업, 여행업, 제조업, 농수산업, 가공업 등 거의 모든 분야에서 비슷하면서도 조금씩 다른 지역의 매력을 보여주며, 로컬 브랜드라는 큰 프레임에서 자신만의 컨텐츠를 만들어가는 것이다.

로컬 브랜드가 할 수 있는 거의 모든 업을 하면서, 각 지역의 매력을 자연스럽게 발굴하고 전하는 모델이 있다. 바로 디앤디파트먼트D&Department(이하 디앤디)라는 일본 브랜드다. '지역 산업 생태계의 지속가능성'이라는 목표 아래, 그 지역의 특산품을 리브랜딩하면서 사람들의 관심을 끌기 시작한 디앤디의 시작은 로컬 편집숍이었다. 디앤디는 일본 47개 도도부현마다 하나씩의 로컬숍을 만들어 해당 지역을 전담하도록 했는데, 이 47개 지점은 단순히 물건 판매만 하는 것이 아니라 그 지역에서만 할 수 있는 다양한 이벤트와 워크숍과 같은 활동을 구상하고 진행한다. 결국에는 그 지역의 기획사가 되는 셈이다.

디앤디는 지역의 특산물과 공산품을 찾아 소개하거나, 이 물건들이 일본 전역에 팔릴 수 있도록 리브랜딩을 하기도 하며, 지역의 기술을 공유하는 워크숍, 지역의 생산자를 찾아가는 여행 프로그램 등을 진행한다. 어떻게 이런 디테일한 기획을 실행할 수 있을까? 이쯤 되면 운영의 주체가 궁금해지는 법. 아니나 다를까 그 지역에 사는 주민이 주인이 되어 직접투자 형태의 매장을 꾸려가는 식으로 사업을 발전시킨다니, 이제야 말이 된다. '지역 산업의 지원과 발전, 지역의 생산과 소비 생태계의 복원'이라는 그들의 사명을 제대로 수행하는 셈이다.

디앤디는 로컬 사업을 계속 확장 중인데, 47개 도도부현의 정보를 모아 전시 형식으로 전달하는 'd47 뮤지엄', 일본 전역의 특산물을 한자리에서 만날 수 있는 상점 'd47 디자인 트래블 스토어', 일본 전역의 음식을 맛볼 수 있는 'd47 쇼쿠도', 로컬 여행 프로그램 'd 투어 셰어 트래블'과 각 도도부현의 이야기를 담은 47권의 매거진 〈d 디자인 트래블〉까지 풍성한 로컬 컨텐츠를 다양한 형식으로 전한다.

디앤디의 행보가 매력적인 이유는 사업의 확장 방식에서 찾아볼 수 있다. 로컬에서 태어나 그들만의 오리지널리티를 만들고 지역 사람들을 불러모아 그 가치를 공유하고자 하는 로컬 브랜드라면 가장 큰 경쟁력인 '희소성을 가진 오리지널리티'를 지키기 위해 규모의 문제를 늘 고려할 수밖에 없다. 규모의 확장은 생산 효율 이슈를 불러오고, 생산 효율은 프로세스의 축소를 부추기면서 오리지널리티의 강점을 무디게 한다. 그렇기에 자신이 속한 지역 생태계에서 감당할 수 있는 정도의 생산-유통-서비스 능력을 감안해 최적의 성과를 얻는 것이 중요하다.

디앤디파트먼트가 구상한 로컬 브랜드의 성장은 사업의 규모 확장이 아닌 컨텐츠의 분화를 통해 이루어진다. 하나의 컨텐츠를 전국, 전 세계로 규모를 키워 퍼뜨리는 사업이 아니라, 한 지역에서 탄생할 수 있는 이야기의 다양성을 판매하는 방식이다. 여러 갈래로 분화된 컨텐츠들은 서로 긴밀하게 연결돼 처음 꿈꿨던 브랜드의 완성도를 공고하게 하는 데 기여한다. 상품 하나의 성공에 집착하기보다 다양한 형태의 성공 가능성을 세상에 뿌리는 것이 바로 디앤디의 성공 비결이다.

이러한 방식이 로컬 브랜드에만 해당되는 것은 아니다. 유사한 신념과 의도를 바탕으로 성장하는 것이 유리한, 브랜드들의 연대에도 해당되는 법칙이다. 하나의 목적을 달성하기 위해 함께 행동하는 브랜드라면 규모의 경제보다는 연결의 경제, 유일무이한 비즈니스 모델보다는 접근성 높은 일상의 비즈니스 모델 창출에 주목할 때 큰 그림을 완성할 확률이 높아진다.

물론 반론을 제기하는 이들도 있을 것이다. 규모의 경제를 신봉하는 사람들의 주장에는 시대를 초월하는 힘이 있나 싶을 정도로 수도 없이 들었던 말이 있다. '규모를 키우지 않으면 돈을 벌수 없다', '구멍가게 같은 수준으로는 고생만 하다 끝난다'는 말이다. 그런데 또 한바탕 사업을 벌일까 하면, 함부로 규모를 키우지말고 신중하게 생각해보라고 할 거면서 말이다. 규모의 경제 추종자들의 진심은 언제나 미스터리다.

'적정한 규모'라는 말의 뜻을 늘 생각한다. 적정하다는 말이 '작고 소박하게'와 비슷하게 들리기도 하지만, 사실 적정한 규모를 유지하며 수출을 할 수도 있고 대형 유통을 탈 수도 있는 일이다. 적정하다는 것은 딱 좋은 정도를 의미한다. 누군가에겐 작고 소박할 수도 있지만, 누군가에겐 거대하고 사치스러울 수도 있다. 상대평가가 불가능하다. 결국 '적정한 규모'는 나의 현재로부터 시작하는 말이다.

적정한 규모를 알아내려면 이 사업이 '브랜드'로 성장할 목적을 가지고 있는지부터 먼저 생각해봐야 한다. 사업을 브랜드로 만들고 성장시키려면 반드시 갖춰야 할 조건이 있는데, 이 조건은 브랜드의 '소개'이기도 하고 '정신'이기도 하고 '이야기'이기도 하다. 브랜드의 '의도'와 '밸류체인'과 '네트워크' 같은 것들이 재료로 쓰인다. 이 모든 것들을 현실세계에서 조합해 실제로 작동하게 하고 성과를 내는 작업이 브랜딩이다.

브랜드의 적정 규모는 브랜딩을 반복하면서 알아가게 되는 지혜가 담긴 정보다. 처음부터 세팅할 필요도 없고 알아낼 재간도 없다. 욕망이나 목표를 기반으로 상정하는 숫자가 아니다. 계속해나가다 보면 느껴지는 에너지나 체력이라 할 수도 있다. '아, 여기까지가 지금의 브랜딩으로 현실화할 수 있는 최대한이구나!'라고 느끼는 때가 분명 온다.

브랜드의 적정 규모는 책임감의 규모와 같다. 전체 밸류체인을 점검할 여력이 있는지, 네트워킹을 통해 늘어나는 연결점들을 잘 관리할 수 있는지만 체크해봐도 내 브랜드의 적정 규모가 어느 정도인지 그림이 나온다. 책임감을 갖고 계속 성장시킬 수 있는 브랜드의 규모는 생각보다 쉽게 판별된다. 가진 자원으로 일정한 시간 동안 책임질 수 있는 일의 양이 가리키는 지점에 답이 있다.

물론 이 지점을 변화시킬 수도 있다. 리브랜딩을 하면 된다. 지금의 규모로 적절하게 판매되는 아이템, 무리 없이 작동하는 프로세스, 세상과 관계를 맺으며 해내는 역할 등을 재구성하면 된다. 브랜드 소개말, 정신, 지금까지 쌓아온 이야기들을 해치지 않으면서 브랜드 운영 방식에 변주를 줄 수 있게 조정해보는 것이다.

적정한 규모를 알고 그 규모를 기반으로 비즈니스를 최적화할 줄 아는 능력은 브랜드의 기본 역량이다. 때문에 브랜드의 적정 규모 인식을 우습게 봤다간 자칫 사기꾼이 될 수 있으니 주의하자. 그동안 이런 사건들을 많이 보아오지 않았나? 물 들어올 때 노 저어야 한다는 말만 믿고 감당 못할 욕심에 먹혀버려 뉴스에 오르내리는 일들 말이다. 최적화된 규모의 비즈니스를 해나가는 적정 브랜딩의 목표는 유의미한 변화를 만들어 계속 성장하는 것이다. 이것이 바로 좋은 브랜드가 만드는 아름다운 성과의 기반이다.

일본의 경제학자 미즈노 가즈오는 저서《자본주의의 종언과 역사의 위기》에서 이렇게 이야기한다. "지금보다 '더 빠르게, 더 먼 곳으로, 더 합리적으로'라는 근대 자본주의를 구동시켜온 이념을 역전시키고 지금보다 '더 천천히, 더 가깝게, 더 너그럽게'라는 발상으로 전환해야 합니다. 우리는 지금 '탈성장이라는 성장'에 대해서 진지하게 생각해야 할 시기를 맞이하고 있는 것입니다."

'더 멀리, 더 높이, 더 빠르게'는 올림픽의 슬로건이다. 그러나 우리의 삶을 함께 살아가는 브랜드는 스포츠 경기처럼 몇 초, 몇 센티미터의 경쟁을 벌이는 게임의 주인공이 아니다. 좋은 브랜드는 나와 더 가까운 곳에서, 너그러운 마음으로, 나와 함께, 느려도 단단하게 성장해나가는 동료다. 미즈노의 이야기는 새로운 자본주의를 살아갈 적정 브랜딩의 자세로 이어진다. 브랜드가 지속적으로 기능할 수 있는 적정 속도와 거리를 찾아내고, 지금 우리가 만들 수 있는 진짜 성장의 의미를 써나가자고 말이다.

우리 브랜드의
한계점과 적정 규모를 찾아라

1장에서 언급한 도넛 모델을 모델을 기억하는가? 이제 나만의 도넛을 만들어보자. 도넛의 안쪽에는 '부족하면 안 되는 것들'을 적는다. 도넛의 바깥쪽에는 '넘치면 안 되는 것들'을 적는다. 그리고 각각의 항목마다 측정 방식을 정하는데, 중요한 것은 '이상적인 수치'를 달성하는 것이 도넛의 목표가 아니라는 것이다. 이상적 수치의 역할은 각 조건이 플러스 상태인지, 마이너스 상태인지를 알려주는 것이다. 도넛이라는 안전 범위를 벗어나면 도넛의 모양이 망가진다는 알람이 울린다.

자신의 브랜드 도넛을 만들고 한 달에 한 번씩 색칠을 해보자. 이번 달의 도넛은 어떤지, 지난달 도넛 모양과 비교해 무엇이 다른지 살펴보자. 이를 통해 자신이 적정 브랜딩을 하고 있는지 검토하는 루틴을 만들자.

3장

브랜딩도 성장하려면

점
시작점 찍기

브랜딩의 운명은 브랜드의 시작점을 어디에 찍느냐에 달려 있다. 그래서 브랜딩 잘하는 사람들은 늘 이 시작점의 좌표를 찾기 위해 마치 탐지견처럼 쿵쿵거리며 여기저기를 뒤지고 다닌다. '무언가 있을 법한 곳을 기가 막히게 추리해서 한 방에 찾아낸다' 같은 우아함과 예리함에 대한 환상이 있었다면 당장 버리자. 브랜드의 시작점을 찾는 것은 수색, 추적, 취조처럼 끈질기게 뒤지고 캐내고 집착하는 행위다. 브랜딩은 '왜'라는 단어에서 시작하고 검증되며 다시 돌아와 다다른다.

'이 브랜드는 왜 이 일을 하려고 하나?', '이 브랜드는 왜 존재해야 하나?', '사람들은 왜 이 브랜드에 관심을 갖게 되었나?'

'왜'로 시작하는 질문과 그 대답에 대한 분석이 브랜드 전략 기획의 정석이 되고 있다. 브랜드의 '왜'는 정체성 확립을 위한 수단이자 모든 전략의 핵심을 세팅하는 전제가 된다. 나아가 사업 아이템을 논하기 전, 즉 사업을 하고 싶은 마음이 드는 순간부터 반드시 짚고 넘어가야 하는 항목이기도 하다.

장담한다. '왜'를 제대로 캐내다 보면 '무엇을, 어떻게'라는 중요한 부분마저 바뀔 수 있다. 그렇다면 이 '왜'를 찾는 과정은 어떻게 시작하면 될까?

'왜'의 중요성을 오래전부터 강조해온 것으로 유명한 사이먼 사이넥Simon Sinek은 《나는 왜 이 일을 하는가》의 후속작으로 출판한 《나는 왜 이 일을 하는가? 2》에서 '왜'를 찾는 방법에 대한 구체적인 지침을 준다. 책에는 그가 실제 워크숍에서 사용하는 가이드가 소개됐는데, 눈길을 끄는 점은 그가 사람들과 아주 자연스러우면서도 구체적인 대화를 나누는 데 포커스를 둔다는 것이었다.

사이넥은 사람들과 일상적인 대화를 나누며 '왜'에 대한 실마리들을 수집하는데, 그 과정에서 매번 상대방에게 감정을 표현해달라고 주문한다. 마치 심리상담을 하듯이 말이다. 큰 이익이나 손해가 있는 날보다는 강렬한 느낌이 든 날을 떠올리라 하고, 팀원에게는 합리적이고 효율적인 목표 설정 대신 각자 생각에서 나오는 사소한 감정을 느껴보자고 말한다. 그는 책에서 '왜'를 '감정가치'라고 정의한다. 그리고 이 '감정가치로서의 왜'가 중요한 이유를 우리 뇌 구조의 생물학적 원리를 바탕으로 설명한다. 사람의 의사결정은 감정을 주관하는 뇌 부위인 변연계에서 이루어지기에, 감정가치가 배제된 상황에서는 아무리 정확한 자료와 수치가 주어지더라도 판단을 내리기가 어렵다는 것이다.

사이넥이 감정을 활용해 '왜'를 밝힌다면, '왜'를 밝혀가는 과정에서 감정을 확인하고 그것을 다시 활용해 결론으로 다가가는 사람이 있다. 《미치게 만드는 브랜드》의 저자 에밀리 헤이워드Emily Heyward는 책에서 자신이 브랜딩 프로젝트를 할 때 가장 먼저 파고드는 질문과 과정을 소개하면서 이 부분의 파트 제목을 '죽음의 공포'라고 지었다. 그리고 그 이유를 다음과 같이 설명한다.

"에어비앤비가 해결하는 문제는 무엇인가?"

"호텔은 터무니없이 비쌀 뿐 아니라 특징도 없이 전부 비슷비슷하다."

"그게 왜 중요한가?"

"사람들은 낯선 곳을 방문했을 때 관광객이 된 기분을 싫어한다. 그보다는 동네 사람들의 눈으로 둘러보고 싶어 한다."

"그게 왜 중요한가?"

"인위적이지 않은 진실한 경험을 하고 싶기 때문이다. 어떤 곳을 이방인이 아니라 그곳 사람처럼 경험한다고 느끼고 싶기 때문이다."

"그게 왜 중요한가?"

"집을 떠나 여행을 나설 때는 삶이 더 풍성해지기를 바라기 때문이다."

"그게 왜 중요한가?"

"결국 우리가 기억하는 건 컴퓨터 앞에 앉아 있거나 빨래를 하는 따분한 순간이 아닌 진심으로 소속감을 느끼는 순간, 즉 더 큰 무언가에 속해 있다고 느끼는 순간이기 때문이다."

"그게 왜 중요한가?"

"그야 우리 모두 언젠가 죽으니까."

이것이 그녀가 실제 프로젝트를 실행할 때의 대화였다. 헤이워드는 "그야 우리 모두 언젠가 죽으니까"라는 결론이 나올 때까지 클라이언트를 "그게 왜 중요한가?"의 질문 지옥으로 끌고 간다고 고백한다. 같은 질문을 반복하면서 브랜드가 추구하는 것 중에서 가장 깊숙한 곳에 존재하는 인간의 근원적인 욕구를 끌어내는 이 방법은 오랫동안 다양한 산업계에서 활용한 분석법 '5WHY'를 기반으로 한다.

헤이워드는 브랜딩 프로젝트를 위해 이 방법론을 조금 더 특별하게 만들어 적용하는데, 앞선 대화를 몰입해 읽은 분들이라면 그녀만의 독특한 방식을 쉽게 눈치챘을 것이다. 바로 클라이언트의 대답에 담긴 감정의 변화다. 그녀는 질문과 대답을 이어가는 흐름에서 상대방의 감정을 이끌어낸다. 멋지고 쿨하고 합리적이고 전략적인 대답들이 결국은 가장 당연하고 일상적이며, 모두가 공감하는 감정적인 대답으로 변하도록 하는 것이다.

헤이워드는 책에서 이 '왜 분석법'을 브랜딩에 활용할 것을 추천하는 동시에, 이 과정을 반복하며 얻은 통찰력 있는 결론을 함께 소개한다. 그 결론이 바로 '죽음의 공포'이며, 책의 1장 제목이기도 하다. 그녀는 답변자가 '죽음의 공포'가 담긴 감정을 발견할 때까지 질문을 이어간다. 모든 일을 하는 이유의 근원을 파고들면 사람이 느끼는 가장 원초적인 감정이 깔려 있을 것이며, 그것을 찾아내야만 브랜드의 시작점을 찍을 수 있다는 것이다.

헤이워드의 질문 폭격을 받으며 '브랜드의 이유'를 찾는 사람의 마음을 상상해본다. 다들 엄청나게 놀라며 '그것이 왜 중요한가?'

라는 질문과 마주하지 않을까? 답답하면서 짜증도 나지만 동시에 쾌감을 느낄 것 같다. 자신의 진짜 마음이 입 밖으로 튀어나오는 엔딩이니까.

브랜드의 시작점을 찍는 것은 브랜드의 의도를 밝히는 것이다. 브랜드의 의도를 밝혀 정체성을 만들어간다는 것은 감성과 이성이라는 재료를 섞어 반죽해 빵으로 구워가는 과정과 같다. 브랜드의 의도라는 재료를 손에 넣어야만 정체성이라는 빵을 맛있게 구워 맛볼 수 있다. 의도는 감정이 담긴 이유이며, 감정을 발견해야만 브랜드의 의도라는 시작점을 찍을 수 있다. 그 후에 정체성을 만들 수 있다.

파타고니아의 쉬나드 회장은 손재주가 뛰어난 프로 등반가였다. 그는 자신이 등반할 때 필요한 장비를 직접 만들어 쓰다가 등반장비 사업을 시작했다. 등반장비 사업가를 겸하며 등반 활동을 계속해가던 그는 어느 날 등반을 쉽게 하기 위해 만든 최적의 장비가 산의 바위를 훼손하고 있다는 사실을 알고는 '환멸감'에 빠진다. 그는 바로 해당 장비 생산을 중단한다. 그리고 그날의 마음을 바탕으로 '자연에 해를 가하지 않는' 제품을 개발하겠다고 다짐한다. 우리가 잘 알고 있는 파타고니아의 시작점이 찍히는 순간이다.

여행 스타트업 '가이드라이브GuideLive'는 팬데믹 직전에 창업해, 대형 여행사와 항공사마저 위기에 처했던 때 '화상 여행'과 같이 시대를 저격하는 기획을 선보여 대형 투자를 받으며 성장하고 있다. 가이드라이브의 김지형 대표는 인터뷰에서 그들의 시작에 대해 이렇게 말한다. "잘되는 스타트업은 고객의 페인 포인트pain point를 잘 포착하는데요. 저희는 고객뿐 아니라 함께하는 가이드들의 페인 포인트에도 주목했어요. 그분들이 고충을 느끼는 부분을 근본적으로 해결하고자 합니다. 최근 투자 유치 후에는 어느 가이드 분이 장문의 메일을 보내오셨어요. 응원하고 싶은 벅찬 마음에 연락을 주셨다는 그 메일을 읽으면서 가이드로 일하는 분들의 어려움이 생각보다 더 컸다는 걸 알게 되었습니다. 그리고 반드시 더 나은 대안을 제시해 희망을 드리고 싶어졌습니다."

가이드라이브의 창업 계기는 실제 여행을 하면서 만난 현지 가이드와 친해지면서 나눈 솔직한 대화였다. 열악한 환경에서도 가이드들이 계속 일을 해나가는 이유가 "당신처럼 여행의 기쁨을 느끼는 사람들을 만나는 희열이 좋아서"라는 이야기를 듣고 가이드라이브의 창업을 결심했다고 하니, 이 브랜드의 시작에는 충격, 고통, 기쁨, 희열이라는 온갖 감정들이 들어 있는 것이다.

어떤 문제를 찾아내 해결할 방법을 연구하고, 계획을 세워서 하나씩 목표를 성취해가는 것은 생각과 논리만으로도 가능할지 모른다. 그러나 그 목표와 성과를 모아 좋은 브랜드, 잘하는 브랜드로 계속 성장하려면 이 브랜드가 어떤 기분과 느낌으로 시작됐는지가 중요하다. 일을 하게 된 이유를 명확하고 진정성 있게 말할 수 있어야 한다. 그 누구보다 브랜드 자신에게 말이다.

여기에 브랜드의 의도를 밝히는 물음표들을 준비해보았다. 이 질문들에 대한 답은 "왜요?"를 집요하게 반복하다 보면 결국 터져 나오는 것이니 팀이나 파트너가 있다면 그들과 함께 직접 육성으로 묻고 답하기를 권한다. 차분하게 혼자 이 여정에 참가하고 싶은 분들은 종이와 펜을 가지고 함께해주길 바란다. 관여하는 브랜드가 있으면 좋고, 그렇지 않더라도 '나'라는 퍼스널 브랜드에 적용해보는 것도 흥미로울 것이다.

먼저, 첫 번째 물음표다.

"이 브랜드를 시작하겠다고 결심한 순간을 기억하는가?"

"그때 어떤 느낌이 내 결심을 지지해줬나?"

"하고 싶은 일을 떠올리면 가장 먼저 어떤 기분이 드는가?"

"그 기분을 계속 느끼게 된다면 앞으로 어떤 감정으로 발전하게 될까?"

"또는 그 기분을 개선하고 싶다면 어떤 감정으로 바뀌길 원하는가?"

다음은 두 번째 물음표다.

"당신이 느낀 그 감정의 긍정적인 면을 유지하고, 부정적인 면을 개선하기 위해 어떤 아이디어를 떠올렸는가?"

"아이디어가 현실화되었을 때 사람들에게 어떤 감정으로 전달되길 바라는가?"

"사람들이 어떤 감정을 만들어내길 원하는가?"

"그 감정은 이후에 어떤 행동으로 이어지면 좋을까?"

첫 번째 물음표는 브랜드 행동의 형태를 찾기 위한 질문들이다. 눈앞의 일을 어떤 감정으로 변화시키고 싶은지, 혹은 계속 유지하고 싶은 감정의 정체가 무엇인지 알아차린다면, 당신은 브랜드가 해야 할 일을 깨달은 것이다. 그러면 현재 상태에서 무엇을 바꿔나가고 싶은지, 무엇을 유지하고 싶은지를 쉽게 결정할 수 있다. 그리고 이를 현실화하는 방법을 구축하는 것이 당신의 비즈니스 모델이 될 것이다.

두 번째 물음표는 당신의 브랜드가 어떻게 성장할 것인지에 대한 그림을 그려준다. 브랜드가 성장하면서 마주할 갈림길에서 나만의 선택을 할 수 있도록 도와주는 기준이 보일 것이다. 그리고 이 브랜드가 사람들의 어떤 감정과 행동으로 이어질 것인가에 대한 답은 비즈니스의 후속 모델을 만들어줄 것이다.

이 두 가지 카테고리의 물음표에 대한 답을 합쳐서 하나의 이야기로 만들고 다듬어가는 과정을 통해 도출하는 것이 바로 '브랜드의 의도'다. 감정을 기반으로 논리를 발전시키고 행동 계획을 세우다 보면 브랜드의 '왜'가 발견된다. 감정과 논리 사이에서 균형을 잡고 그것을 다시 하나로 정비해가는 시간은 정체성을 정립하는 주춧돌이 된다.

브랜드의 정체성을 만들기까지는 꽤 많은 작업을 거쳐야 한다. 브랜드 미션, 비전, 약속, 가치를 정하는 것을 시작으로 슬로건과 태그라인, 스토리까지. 그리고 이렇게 만들어진 키워드들을 중심으로 비주얼 전략과 마케팅 전략을 구축해야 하므로 브랜드 정체성 작업에는 흔들리지 않는 근거가 필요하다. 그래서 브랜드의 '왜'를 검증하고 발전시키기 위해 시장조사, 인터뷰, 워크숍을 하는 것이다. 좋은 아이디어가 하나씩 쌓이기 시작하면 그 안에서 선택과 집중을 해나가면서 정체성의 방향을 좁혀갈 수 있다.

잘되는 일의 프로세스는 단순화와 복잡화를 반복한다. 펼치고,

접고, 정리하고, 늘어놓고 다듬는 과정을 계속하며 모호한 언어는 명확하게, 드넓은 꿈은 구체적으로 만든다. 우리의 초심이 하늘에서 내려와 땅 위에 두 발을 딛도록 돕는 것이 브랜딩이다.

브랜드의 의도를 밝히는 일은 어떤 문제를 풀 것인가에 대한 첫 번째 단계다. 브랜딩은 '어떤 문제'가 '어떤 해결'로 변화하는 과정이다. 이 과정에는 수많은 감정과 지식들이 담길 수밖에 없다. 이 과정에서 얻어진 경험치가 유행이나 혁신이 아닌 모두에게 당연한 정보이자 습관으로 자리 잡으면서 브랜드는 성숙해진다. 어쩌면 다음 여행을 위한 티켓을 얻을지도 모른다. '새로운 의도'라는 초대장과 함께.

선
비전을 향해 뿌려진 점 잇기

브랜드의 시작점을 찍었다면, 성장 엔진을 가동시켜 위치를 옮겨보자. 브랜드의 의도가 시작점이라면, 마지막 점에는 그 의도가 구현할 수 있는 가장 이상적인 비전이 있을 것이다. 우리는 그곳을 향해 움직이기 시작할 것이다. 그리고 이동하는 도중에 한 번씩 점을 찍으면서 경치를 구경할 예정이다. 이 점들이 바로 목표, 미션이다.

다양한 레벨의 크고 작은 점들이 '도장 깨기 게임'처럼 펼쳐진다. 판을 하나씩 깨나가면서 다음, 그다음으로 도전하는 여정을 통해 하나씩 달성하고 구현해가면서 브랜드의 길이 생긴다. 이 길이 바로 '브랜드 로드맵'이며 브랜드의 수많은 점들이 연결된 선이기도 하다.

브랜드 로드맵이 일정한 목표를 성취할 때까지의 구체적인 행동이 담긴 청사진이라면, 이 청사진에는 브랜드 정체성이 점의 형태로 뿌려진다. 그중에서 시작점과 가장 먼 곳에 있는 점이 바로 '비전'이다. 비전은 쉽게 말하자면 '지나치다고 생각할 정도로 이상적인 꿈'이다. 논리적이고 현실적이며 분석적인 사람에게 눈엣가시가 될 정도의 꿈 이야기라면 합격이다. 비전의 역할은 브랜드에 마법을 거는 것이다. 머리보다 가슴을 향한 마법 말이다. 그렇기에 브랜드의 의도에 담긴 '감정'과 가장 긴밀하게 작용한다. 브랜드의 의도를 규명할 때 들여다보았던 내면의 감정이 향하는 풍경이 바로 비전이 살아가는 곳이다.

토니스 초코론리의 '노예노동 없는 초콜릿', 파타고니아의 '지구를 구하는 사업'과 같은 꿈이 바로 비전이라 할 수 있다. 비전은 간혹 비현실적이라는 이유로 현실에 좌절감을 준다는 오명을 입기도 하지만, 이는 허울 좋은 비전의 점만 찍고 그곳으로 나아가는 선을 긋지 못한 허수아비 회사에 해당되는 이야기다. 실행력 있는 조직이 세운 비전은 브랜드가 계속 점을 찍어가면서 자기만의 길을 낼 수 있도록 도와주는 북극성과 같은 존재다.

비전보다 조금 더 가까운 곳에 있는 점들이 미션이다. 미션은 비전에 대한 비난을 온몸으로 막아준다. 미션은 그야말로 현실 위에 그리는 꿈이며, 상상에 전략을 더해 만들어낸 계획이다. 비전을 실현시키기 위한 행동 말이다.

아일린피셔의 호라이즌 2030^{Horizon 2030}은 2030년까지 브랜드가 어떤 로드맵을 그려갈지에 대한 내용을 담았다. 호라이즌 2030은 '옷을 만드는 일로 세상을 나아지게 만든다', '여성을 강하게 만든다'는 두 가지 비전 아래 의류 생산 노동에 관여하는 사람들의 커뮤니티에 활력을 주는 것, 친환경 섬유의 사용률을 높이고 계속해서 연구해나가는 것, 재생에너지 사용 비율을 지속적으로 늘려가는 것을 미션으로 삼고, 구체적인 세부 목표들을 공유했다.

미션보다 가까운 곳에는 목표라는 점들이 있다. 비전으로 가기 위해 미션을 찾았다면, 이제 미션으로 가기 위해 목표를 찾아보자. 목표는 좀 더 구체적이다. 목표 달성을 원하는 사람들의 고충과 욕망이 존재하고, 목표를 함께 이루어갈 사람들과의 관계가 존재한다. 그것을 실현할 수 있는 도구와 재료는 물론, 현실에 대한 분석도 담겨 있어야 한다. 손에 넣고 싶은 결과에 대한 정성적, 정량적인 수치가 포함되어야 함은 물론이다.

브랜드 로드맵은 비전이라는 몽글몽글한 꿈의 점에서 시작해 목표라는 지극히 현실적인 이야기까지 닿는, 브랜드의 모든 점이 연결돼 있는 선이다. 그저 백지 위에 지금부터 1년 후, 10년 후, 20년 후에 대해 멋진 그림을 그리는 것을 브랜드 로드맵이라 생각한다면 순진하고 한가로운 생각일 뿐이다. 오히려 비현실적인 마지막 점을 지극히 현실적인 점으로 데려가는 역방향의 여정을 브랜드 로드맵이라고 보는 것이 맞다.

현실에서 가장 가까운 곳에 찍는 점이 목표라면, 이 점까지 가는 과정 또한 다시 잘게 쪼개는 것이 가능하다. 대개는 목표라는 점까지 찍고 나면 꽤 구체적인 형태를 만들었다는 안도감에 일단 종이에서 펜을 떼기 마련인데, 조금만 더 치밀해지면 좋겠다.

호라이즌 2030의 두 번째 미션인 '미래섬유'에 관한 세부 목표를 보면 이런 항목이 있다. "친환경 인증제에 의존하는 것이 아니라 파트너와의 긴밀한 관계 구축, NGO나 다른 브랜드 및 공급업체와의 협력을 통한 소재의 추적 등을 기반으로 투명한 공급망을 구축한다."

이 한 문장의 목표는 다음과 같은 세 가지 행동으로 다시 잘게 쪼개진다. 독자적인 기준을 바탕으로 미래 친환경 섬유 소재에 대한 정보를 획득할 것, 이와 관련해 직접 거래하는 파트너사 및 동종 업계와의 상생 관계를 구축할 것, 정보와 관계망을 토대로 새로운 친환경 섬유 소싱망을 확보할 것.

눈치 빠른 이라면 이제 무슨 일을 해야 할지 감이 올 것이다. 리서치와 영업 등을 통해 당장 앉아서 일을 시작할 수 있는 소스가 주어졌기 때문이다. 브랜드 로드맵은 이렇게 계속 잘게 쪼개지면서 최후이자 최초의 업무를 지시한다. 그리고 이 모든 이야기는 결국 브랜드 행동 설계의 끝판왕인 '밸류체인의 집요한 구축'으로 연결된다.

밸류체인이란 기업의 활동을 구조적으로 보여주는 다이어그램이다. 본원적 활동이라 불리는 '보이는 활동'과 지원 활동으로 불리는 '보이지 않는 활동'이 서로 영향을 미치며 기업의 가치를 이끌어내는 관계도다. 보통 이 다이어그램의 화살촉 부분에는 '가치 창출', 즉 이윤이 자리하기 마련이다. 기업의 결과물을 이윤으로 설정한다면 말이다.

그런데 그 자리에 만약 비전을 넣는다면? 미션을 넣는다면? 세부 목표를 넣는다면? 브랜드의 의도에서 시작해 비전으로 가는 로드맵은 결국 작게 만들어진 많은 밸류체인들이 나열돼 이어지는 징검다리와 같은 모습을 띨 것이다. 동시에 전체적인 형상도 또 하나의 거대한 밸류체인이 될 것이다.

브랜드가 꿈을 향해 하나씩 점을 찍어가는 행위는 굉장히 단순하면서도 굉장히 복잡한 과정을 반복하는 것과 같다. 한 점에서 다음 점으로 이어지는 선을 긋는 것은 때로는 쉬울 수도 있고 어려울 수도 있다. 분명한 사실은 이 선을 한 번씩 그을 때마다 하나의 밸류체인이 새롭게 탄생한다는 것이다. 그 밸류체인 안에는 그때만 만날 수 있는 고객, 함께할 동료, 마주할 사건들이 존재한다. 때문에 이 작은 밸류체인을 거쳐가면서 찍는 다음 점은 자신 있게 내세울 수 있는 변화의 증거이기도 하다.

나는 좋은 브랜드들이 시장에서 어떤 방식으로 살아남고 성장하고 나아가는지 늘 궁금하다. 정말 오랫동안 우리와 함께했으면 하는 브랜드들이 소리 소문 없이 철수하는 것도 많이 보았고, 처음에는 고개를 갸웃거리게 한 브랜드가 엄청나게 멋진 모습으로 변신해가는 것도 많이 보았다. 내가 몸담았던 브랜드들의 성장기는 시간이 흐른 뒤에도 늘 나의 관심사이고 언제나 그들의 소식이 궁금하다. 일하는 동안에는 미처 듣지 못했던 오너의 진짜 의도가 뒤늦게 발현돼 브랜드의 방향성이 완전히 달라진 경우도 있다. 우여곡절 산전수전, 위기란 위기는 죄다 겪었는데도 아직까지 초심을 그대로 지키며 살아가는 브랜드가 있는가 하면, 그대로만 쭉 버텨주면 될 것 같던 브랜드가 순식간에 다른 사업으로 갈아

타버리는 경우도 있다.

브랜딩을 하다 보면 처음에 만든 브랜드 정체성에 의문이 드는 때가 오기도 한다. 그럴 수 있다. 브랜드의 의도 또한 성장할 수 있기 때문이다. 사람이 성장하면서 새로운 나를 발견하듯 브랜드도 마찬가지다. 그럴 때는 당황하지 말고 그동안 구축해온 밸류체인을 가만히 들여다보면 어떨까? 밸류체인에는 일의 인풋과 아웃풋이 가장 정직하게 드러나 있다. 손에서 떠나보내지 않았던 업무들이 밸류체인에 일일히 새겨져 있다. 이 일을 해오면서 내가 정말 중요하다고 느꼈던 것은 무엇인지, 어떤 마음의 변화를 느꼈는지 그곳에 남은 업무일지를 찾아보며 곰곰이 생각하는 것이야말로 브랜드의 다음 선택을 현명하게 찾아내는 방법이라고 생각한다.

1981년에 출발한 영국의 뷰티 브랜드 '닐스야드레머디스Neal's Yard Remedies'는 자연주의 화장품의 선구자 브랜드다. 지금이야 허브가 너무나 당연한 뷰티 소재지만, 닐스야드레머디스가 생길 때만 해도 허브는 약재로 인식됐다. 때문에 허브의 효능을 뷰티 제품에 적용한다는 아이디어는 매우 생소한 느낌이었다고 한다. 1980년대 런던 시내 한복판에 창업자인 로미 프레이저Romy Fraser는 호기롭게 허브를 메인으로 활용하는 자연주의 화장품

닐스야드레머디스는 1981년 런던 한복판에서 작은 허브 화장품 가게로 시작했다.

가게를 오픈하고 가게 뒤에서 직접 화장품을 만들어 팔았다.

이후 닐스야드레머디스의 제품은 그 효능이 입소문을 타면서 서서히 사람들에게 알려지기 시작한다. 새로운 소재로 독보적인 제품력을 선보인 이 작은 화장품 가게는 점차 큰 브랜드로 성장한다. 그리고 사람들로부터 더 많은 제품 공급을 요청받는데, 창업자인 프레이저는 브랜드의 성장을 위한 매장 확장보다 먼저 허브 농장과의 안정적 계약을 맺는다. 건강하게 자란 허브가 브랜드의 핵심이라는 원칙을 줄곧 주장한 브랜드였기에 내릴 수 있었던 결정이다. 친환경에 대한 관심이 극소수 마니아층에 머무르던 시절부터 직영 농장에서 키운 유기농 허브로 제품을 만들고, 동물 실험을 하지 않으며 성장한 닐스야드레머디스는 영국 최초의 오가닉 브랜드, 영국 최초의 탄소 중립 브랜드 인증을 계속해서 받았으며, 까다롭기로 유명한 영국토양협회로부터 검증받은 재료와 공정무역으로 거래된 재료만을 사용하는 등 그야말로 촘촘한 밸류체인의 진수를 보여주었다. 게다가 그들의 브랜드 시그니처인 깊은 파란색 컬러의 유리 용기는 어렵게 고른 유기농 성분의 효능이 오랫동안 변하지 않도록 97% 햇빛 차단용으로 개발된 것이라 하니, 이 브랜드가 가진 고민의 밀도가 눈앞에 그려진다.

닐스야드레머디스의 인지도와 평판이 절정을 달리던 2008년, 창업자 프레이저는 마침내 대영제국훈장까지 받게 된다. 건강과 뷰티 분야에서 사람들에게 좋은 영향을 미치고 사회에 공헌했다는 치하와 함께 말이다.

그런데 이렇게 승승장구하며 축배를 들어 마땅한 시기에 그녀는 뜻밖의 결정을 내리게 된다. 영국 남부 시골인 데본주에 준비해놓은 자신의 농장으로 이주하면서 조금씩 업무를 내려놓고 회사로부터 독립을 하겠다는 것이었다. 이 시기의 결정에 대해 그녀는 한 인터뷰에서 이렇게 이야기한다.

"우리 제품들을 잔뜩 사가는 것만으로 건강해지고 아름다워질 것이라고 무작정 기대하는 분위기가 조금씩 걱정되기 시작했어요. 허브에 대한 이해, 자연요법에 대한 공부가 필요하겠다는 생각이 들었죠. 그때부터 자연 약재에 대한 교육 프로그램을 실시해야겠다고 마음먹었어요. 그리고 이 프로그램을 운영하면서 제가 앞으로 해야 할 일이 무엇인지 알게 된 거죠. 사람이 좀 더 자연과 가깝게 살아갈 수 있는 방식에 대해 알릴 필요 말이죠. 단순히 허브로 만든 화장품 가게에 와서 쇼핑하는 것을 넘어선다고 생각했습니다. 제가 데본에 농장을 사서 다음 일을 해나가겠다고 결심한 이유이기도 하죠."

그렇게 서서히 자연주의 뷰티 브랜드를 운영하는 것에서 자연주의 삶을 만드는 것으로 자신의 의도를 성장시키고 업을 변화시킨 프레이저는 트릴팜Trill Farm이라는 새로운 농장 브랜드를 만들게 된다. 밀도 높게 일을 해나가는 과정에서 얻은 인사이트를 살려, 다음 브랜드 창업으로 이동하는 성장을 하게 된 것이다.

내가 프레이저를 트릴팜에서 만난 것은 2016년 가을이었다. 농장이 있는 데본주는 영국에서도 아름다운 경관을 자랑하는 지역이고, 우연히도 내가 공부한 학교와 아주 가까운 곳에 있었다. 당

닐스야드레머디스에서 트릴팜(좌)으로, 그리고 트릴온더힐(우)로 성장해간 프레이저
(좌측 상단 두번째)의 성장 과정

시 참여했던 프로그램의 일환으로 트릴팜에 방문해 함께 농장을 걷고, 식사를 하고, 그녀의 거실에서 이곳의 삶에 대한 이야기를 들을 수 있었는데, 불과 한두 시간의 대화였지만 그녀의 총기와 섬세함이 매우 인상적이었다.

트릴팜은 채소 농부, 허브 농부, 축산 농부가 공유하며 함께 농사를 짓는다. 농장 옆에는 공예가의 작업실, 요리사의 식당, 그곳의 생산품을 파는 숍, 자원봉사자들을 위한 숙소 그리고 프레이저의 집이 있다.

그녀의 거실에서 진저쿠키와 허브티를 곁들여 들었던 트릴팜의 이야기는 대부분 굉장히 구체적인 것들이었다. 허브의 품종, 농사의 방식, 요리의 규칙에 이르기까지 이 공간에서 성과를 내는 모든 원리들에 대해 그녀가 매우 빠삭하게 꿰고 있다는 것을 충분히 알 수 있었다. 물론 이 새로운 농장 브랜드의 성패에 대한 불확실성을 인정한다는 점도 포함해서 말이다. 그날 대접받은 점심식사는 모두 농장에서 재배된 재료로 만들어진 진수성찬이었고, 무척 맛있으면서도 야생적이었다. 한때 글로벌 브랜드를 운영했던 CEO답게 공간도 상품도 프로그램도 짜임새 있게 돌아가고 있었다. 인정과 감탄이 가득한 하루였다.

함께 농장을 방문한 동기들 가운데 어느 누구도 그렇게 큰 사업을 하던 사람이 이런 시골까지 와서 농장 관리를 하는 게 의아하다든지, 이런 곳에 있어도 되냐는 식의 의문을 제기하지 않았다. 모든 것이 너무 자연스럽게 닐스야드레머디스 시절로부터 역사가 이어져왔기 때문이다.

책을 쓰면서 오랜만에 트릴팜 웹사이트에 접속해보니 반가운 소식이 올라와 있다. 트릴팜의 농장 규모를 10분의 1로 줄이고 새로운 브랜드를 시작한다는 것이다. 더 자연에 가깝고 더 야생에 가까운 경험을 할 수 있는 캠핑 브랜드 '트릴온더힐'을 만들었다고 한다. 흩어져서 살던 프레이저의 두 딸이 어머니 사업에 합류했다는 흐뭇한 소식도 곁들여져 있었다. 성공이나 실패로 평가할 수 없는, '프레이저의 성장'으로 읽히는 업데이트 소식이다. 어떤 사연이 있었는지 모르겠지만, 브랜드가 어떤 일을 하고 앞으로 어떤 일을 향해 나아갈지에 대해 프레이저가 아주 잘 인식한다는 것을 알기에, 이 브랜드의 여정을 믿고 응원 중이다. 감정에 치우치지 않고, 이성에 집착하지 않고, 자신의 브랜드에 대해 아주 적절한 객관화를 한다는 이 느낌, 아니 믿음은 농장에서 마주쳤던 그녀의 예리한 눈빛과 구체적인 실무를 설명하는 모습에서 이미 전해진 것이기도 했다.

닐스야드레머디스, 트릴팜 그리고 트릴온더힐의 변화에는 이 브랜드를 함께 일궈나가는 동료, 이 브랜드를 지속하게 하는 의도, 그리고 이 브랜드가 사람들에게 전하고 싶은 메시지의 성장이 반영되고 있었다. 물론 이 모든 성장을 관통하는 것은 그녀의 변치 않는 철학이었다.

변화에 정답은 없다. 묵묵히 일하다 어느 날 문득 찾아오는 생각과 느낌, 사건이 제안하는 것들을 그냥 넘기지 않고 체크할 줄 아는 브랜드는 세상뿐 아니라 스스로의 변화에 일희일비하지 않는다. 기대도 하지 않고 실망도 하지 않는다. 그저 한 번 더 자기 브랜드를 살펴볼 기회가 생겼다고 여기고, 자신만의 방식으로 변화를 꾀할 뿐이다. 자연스럽게.

면
선과 선을 연결하기

열심히 점을 찍으면서 나만의 길을 내는데, 시야에 들어오는 무언가가 있다. 다른 선이다. 그 선이 내가 찍어놓은 점을 지나가려고 한다. OK 신호를 주니 교차점이 생겼다. 종종 이런 일이 생기다 보니 교차점이 늘어난다. 정신을 차려보니 어느덧 면이 생겼다. 테두리가 있는 도형이 생긴 것이다.

브랜드의 의도를 정하는 일에서 시작해 비전으로 향하는 여정은 '하나씩' 점을 찍어가는 행위의 연속이다. 물론 지도 위의 길을 착실하게 따라가기만 하면 정해진 시간 내에 목적지로 도착하게 된다는 단순한 결말은 아니다. 지금 그리는 선이 향하는 방향에 따라 다음 점이 어디에 찍힐지 결정되는, 어느 정도의 변수가 존재하는 게임이라는 점을 알아주기 바란다. 게다가 이런 불확실성에 또 하나의 변수가 더해질 때도 생기는데, 다른 선과 겹쳐져서 만들어지는 교차점이 그것이다. 교차점은 '연결'이라는 특성이 있고, 무엇보다 그 연결로 인해 새로운 방향으로 뻗어나갈 수 있다는 가능성을 품는다.

교차점이 만들어지는 첫 번째 경우의 수는 '콜라보레이션'이다. 각각의 브랜드가 가진 강점이 잘 돋보일 수 있는 방법을 찾아내 새로운 상품이나 서비스를 만들어내는 것이다. 요즘은 그야말로 '콜라보 전성시대'라 할 만큼 상상하지 못했던 조합으로 새로운 상품을 만들어내는 케이스가 일반화됐을 뿐 아니라, 정기적으로 콜라보 프로젝트를 하는 브랜드도 늘고 있다. 방식도 다양하다. 서로의 로고나 캐릭터를 공유하거나 맛과 형태, 소재를 자유롭게 조합한다. 콜라보를 통해 탄생하는 리미티드 에디션은 순간적으로 매출을 상승시킨다. 브랜딩을 활용한 감각적인 플레이는 새로운 고객의 관심을 끌어모은다. 새로운 것에는 끝이 없다는 감탄뿐이다.

구찌와 발렌시아가가 발칙하게 공개한 '해커 프로젝트The Hacker Project'는 감각적 콜라보의 정수를 보여준 사례다. 브랜드 인지도

2021년 겨울, 패션 피플의 관심을 달아오르게 한 구찌×발렌시아가의 해커 프로젝트

뿐 아니라 앞서가는 시도를 지치지 않고 해낸다는 관점에서 보아도, 업계에서 순위를 다투는 이 두 브랜드가 서로의 브랜드 시그니처를 마음껏 사용할 수 있도록 합법적으로 인정하는 파격적인 조건 아래 자신의 브랜드를 새롭게 재해석한 라인업을 선보인 사건이다. 그중에서도 그래피티의 거친 감성을 활용해 발렌시아가에 의해 점거당하고 파손된 느낌을 만들어낸 구찌의 콜렉션은 패션 피플의 사랑을 듬뿍 받으며 세간의 큰 화제가 됐다. 마치 이종교배되어 변종 생명체를 낳은 것 같은 디자인을 한정판으로 선보인 해커 프로젝트의 이모저모를 즐기다 보면, 이들이 혹시 엔터테

인먼트로 사업을 확장하는 게 아닌가 싶을 만큼 자극적인 경험에 빠지게 된다.

다만, 사람들에게 새로운 자극을 주며 눈길을 끄는 프로젝트성 콜라보는 소요되는 비용과 노력에 비해 지속력이 떨어지는 단점이 있다. 일시적인 관심을 끌기 위해 기획되는 경우가 대부분이기에, 브랜드 간의 연결력이 강하지 않아 금세 다시 각자의 자리로 돌아가버리기 때문이다. 하룻밤의 짧은 연애 같은 것이랄까. 잊지 못할 추억을 남길 수는 있으나 평생 그렇게만은 살 수 없는 법. 나를 좀 더 오랫동안 즐겁게 해줄, 강한 접착력을 가진 브랜드 교차점을 찾는 이유이기도 하다.

아디다스와 올버즈의 퓨처크래프트 풋프린트FUTURECRAFT. FOOTPRINT 프로젝트는 그런 의미에서 굉장한 반전의 콜라보를 선보였다. 같은 라인의 제품을 생산하는 두 경쟁 브랜드가 하나의 팀을 꾸려 하나의 제품을 개발하기로 한 것이다.

'탄소 배출을 현격하게 줄이면서 최고의 성능을 발휘하는 제품을 개발한다'는 목표를 향해 시작한 이 프로젝트는 그들이 가진 기술, 소재, 물류에 관한 노하우를 서로 나누면서 아이디어를 발전시켜나갔고, '경쟁자에서 협력자로 변화해 함께 목표를 달성하

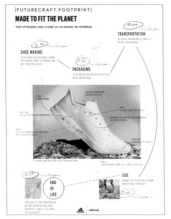

아디다스와 올버즈의 로고와 함께 2.94kg이라는 탄소 배출량을 적어넣은 퓨처크래프트 풋프린트 스니커즈

는 여정'이 얼마나 매력적인지를 세상에 제대로 보여주었다.

'퓨처크래프트 풋프린트 스니커즈'는 현재의 어젠다에 집중하며 성장한 신예 강자 올버즈의 혁신 소재와 친환경 시스템에 오랜 노하우를 가진 전통 강자 아디다스의 기술력이 더해진 결과물이다. 이 스니커즈는 그들의 목표였던 '3kg 이하의 탄소 배출'이라는 목표를 성취하면서 2021년 세상에 모습을 드러냈다. "탄소 배출량 2.94kg이라는 숫자가 넷제로에 이르기에는 아직 갈 길이 멀다는 것을 알지만, 지금 우리가 힘을 합쳐 만들 수 있는 최소 숫자를 만들어냈습니다!"라는 자기 인정과 함께 발표했다. 겸손한 자랑이다. 이 스니커즈는 아디다스와 올버즈의 기존 모델보다 무려 탄소 배출량을 63%나 절감했고 다른 일반적인 스니커즈에 비하면 75%가량을 절감했다고 하니 말이다.

이 프로젝트는 수치상으로도 매우 의미 있는 제품을 탄생시켰지만, 무엇보다 모두를 놀라게 한 건 '경쟁자들의 콜라보'라는 새로운 차원의 전략을 실행한 이들의 행보였다. 업계와 고객에게 신선한 놀라움을 안겨주며 앞으로의 세상에 대한 상상력을 꽤 자극시킨 사건이다.

올버즈의 공동 창업자이자 CEO인 팀 브라운Tim Brown은 "기후변화는 우리 세대가 직면한 과제이며 우리는 그것을 혼자 해결할 수 없습니다. 올버즈와 아디다스는 지난 한 해 동안 하나의 팀으로 달려왔고 우리가 가진 역량을 최대한 이끌어내 탄소 발자국 제로에 가까운 러닝화를 만들어냈습니다. 많은 기업들이 지구환경과 패션 산업을 위한 이러한 노력에 동참해주길 바랍니다"라는 말로 그들의 프로젝트에 세상을 초대하는 발언을 하기도 했다.

브랜드의 교차점이 만들어지는 두 번째 경우는 '네트워킹'이다. 서로 활약하는 사업 분야는 다르지만 궁극적으로는 같은 지향점을 갖고 느슨한 연대 속에 소통하며 살아가는 브랜드들의 협력 방식이다.

요즘 이슈가 되는 '지속가능한 삶'이라는 비전을 떠올려보자. 거의 모든 브랜드들이 '지속가능성'이라는 단어를 사업 소개에 적고 있지만, 사업 아이템은 모두 다르다. 그 가치 아래 어떤 브랜드는 신발을 만들고 어떤 브랜드는 농사를 짓는다. 어떤 단체는 플라스틱 쓰레기를 줍고 어떤 단체는 동물을 구출한다. 지속가능성이라는 개념 안에서 브랜드 각자가 하고 싶고, 할 수 있는 일의 영역을 만들어 그 안에서 실행해가는 것이다.

전지구적인 지속가능성을 높이려면 이 모든 활동들이 서로 유기적으로 관계를 맺고 통합적으로 움직여야만 한다. 유기농 농사를 지으면서 플라스틱 쓰레기에 무관심하거나, 혁신적인 천연 소재로 만들어진 신발을 신고 동물 학대를 한다면 자신의 영역에서 아무리 혁혁한 성과를 이룬다 해도 지속가능한 삶을 산다고 보기는 힘들지 않을까? 내 비즈니스 모델만 뚫어져라 쳐다보는 방식의 성공은 더 이상 유효하지 않고 의미도 없다.

그렇다면 비전을 공유하며 이루어지는 브랜드 간의 네트워킹은 어떤 형태로 발전할 수 있을까? 하나의 브랜드가 하나의 조각이 돼 퍼즐을 맞추는 식으로 큰 그림으로서의 컨텐츠를 새롭게 생산하거나, 새로운 상품과 서비스를 개발할 수도 있을 것이다. 캠페인이나 축제 같은 활동을 통해 고객에게 더 통합적인 경험을 제공하는 것도 가능하다. 그리고 이러한 네트워킹은 자신의 고객을 지키는 동시에 신규 고객을 자연스럽게 유입시킬 수 있는 기회를 만들어낸다는 것이 핵심이다.

비건 비즈니스가 대표적인 예다. 비건이라는 말은 원래 베지테리언, 락토, 페스코 등과 같이 동물성 식재료를 어디까지 섭취하는지에 대한 레벨을 나타내는 단어다. 즉 채식주의 단계 중 하나를 나타내는 분류어인데, 재미있게도 이 단어가 채식주의 전체를 상징하게 되면서 네트워킹을 형성해, 채식주의의 세계를 확장하고 있다는 것을 어렵지 않게 느낄 수 있다.

개인적으로 비건에 관심을 갖게 된 계기는 건강 때문이었다. 자가면역질환 치료를 하게 되면서 일시적인 채식주의자가 됐는데, 먹던 것을 먹을 수 없게 되고 매일 고를 수 있는 음식의 종류가 눈에 띄게 줄어드는 것에 분개해 '이대로 주저앉을 수는 없다!'는 마음이 생기며 비건의 세계를 파고들기 시작했다. 채식, 베지테리언 혹은 비건을 검색하며 사람들이 잘 모르는 식재료, 그것들을 재배하는 숨은 농장, 먹음직스러운 비건 레시피, 세련된 비건 레스토랑, 그리고 해외의 비건 컨텐츠 등을 찾아내는 데 꽤 많은 시간을 투자했다. 이때의 습관은 병이 완치된 후에도 사라지지 않았는데, 세상에 이렇게나 재미있는 세계가 있나 싶었기 때문이다.

그런데 요즘 비건이라는 단어를 자주 쓰는 사람들을 보면 건강뿐 아니라 더 많은 분야의 사람들이 이 단어에 연결돼 있음을 알 수 있다.

면역, 소화, 알레르기와 관련된 문제를 해결하려는 사람들, 식품 안전성에 대한 문제를 해결하고자 하는 사람들, 축산업의 현실을 개선하려는 사람들, 동물과 생태계를 보호하고 균형을 잡으려는 사람들, 육류 산업으로 인한 탄소 배출, 산림 파괴, 기후 위기 문제를 해결하려는 사람들까지 정말 다양한 분야에서 일하는 사람들이 이 단어를 중심으로 삶을 디자인한다. 그들을 위한 서비스를 제공하려는 요식업, 유통업, 패션, 공산품에 이르는 다양한 비즈니스들이 모여들면서 큰 그림이 그려진다.

비건 산업은 갈수록 무게를 더해갈 것이 분명하다. 환경과 건강이라는 거대한 두 키워드를 모두 포용하는 것만 봐도 알 수 있다. 다양한 분야에 걸쳐 있는 비건 브랜드들은 각자의 철학과 어젠다를 나누며 교류한다. 비건 패션을 만드는 회사가 동물권 활동가와 함께 캠페인을 추진하기도 하고, 비건 요리 유튜버가 기후 위기를 반대하는 이벤트에 참여하기도 한다. 비건 화장품 브랜드는 면역력이나 알레르기에 관심이 많은 사람들을 타기팅해 제품을 알림과 동시에 제로웨이스트 라이프스타일을 지향하는 고객을 의식해 생분해 패키징을 적용하는 것을 기본으로 하게 됐다.

네트워킹이라는 브랜드의 교차 방식은 고객을 늘리고 컨텐츠를 풍부하게 하는 직관적인 이득 외에도, 브랜드의 의도를 강화하고 다양한 리소스를 투입해 탄탄한 밸류체인을 구축하는 본질적인 혜택을 낳는다. 때로는 아주 개인적이고 구체적인 의도를 갖고 출발했던 사업의 기반이 더 넓고 깊게, 통합적으로 성장할 수 있는 좋은 기회다.

나의 브랜드는 어떤 메시지를 발신하고 있는가? 내가 속한 세계에서는 어떤 플레이어가 어떤 활동을 하고 있는가? 나의 브랜드와 함께 더욱 강력한 메시지를 발신할 수 있는 플레이어는 누구인가? 나는 어떤 플레이어를 연결할 수 있나?

이런 질문들에 대답해가면서 브랜드 매핑mapping을 해보자. 매핑은 말 그대로 지도를 만드는 것이다. '2×2 매트릭스'의 형태를 한 기존의 지도는 전통적인 마케팅 방법론의 틀에서 '경쟁자들로 가득한 시장에서 나의 현재 위치를 확인하고 앞으로 어떤 우위를 계속해서 만들어갈 것인가를 결정하는' 역할을 찾는 포지셔닝맵의 역할을 해왔다.

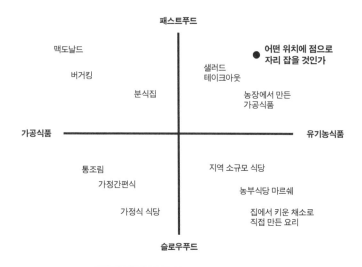

패스트푸드

맥도날드

버거킹

분식집

샐러드
테이크아웃

● **어떤 위치에 점으로
자리 잡을 것인가**

농장에서 만든
가공식품

가공식품 ———————————————— **유기농식품**

통조림

가정간편식

가정식 식당

지역 소규모 식당

농부식당 마르쉐

집에서 키운 채소로
직접 만든 요리

슬로우푸드

비건 푸드 브랜드 기반의 경쟁자 지도

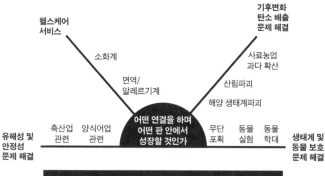

**헬스케어
서비스**

소화계

면역/
알레르기계

**기후변화
탄소 배출
문제 해결**

사료농업
과다 확산

산림파괴

해양 생태계파괴

**유해성 및
안정성
문제 해결**

축산업
관련

양식어업
관련

**어떤 연결을 하며
어떤 판 안에서
성장할 것인가**

무단
포획

동물
실험

동물
학대

**생태계 및
동물 보호
문제 해결**

비건 세계관을 공유하는 관련 업계 기반의 협력자 지도

이 경쟁자 지도를 지금부터 협력자 지도 혹은 커넥팅 맵의 개념으로 바꾸어 만들어보자. 아래쪽 지도에서 보듯이 매트릭스에는 다양한 축이 있고, 이 축을 중심으로 만들어지는 영역들은 사실상 하나의 세계관을 공유한다. '지속가능한 라이프스타일'이라는 세계관으로 매핑을 하면, 나뉘어진 지도가 아닌 하나로 연결된 지도를 만들 수 있다.

나는 이 작업을 '판 만들기'라고 부른다. 언젠가 어떤 방식으로든 서로 연결될 거라는 전제 아래 만들어지는 이 판은, 누구보다빨리 목적지에 도착하기 위한 레이싱 트랙이 아니라 가가호호 주소를 성실하게 적은 마을 지도에 가깝다. 단단하게 오래가는 세계관을 만들기 위해 비슷한 방향성을 가진 브랜드 동료들과 성장하기 위한 가이드이기도 하다. 각각의 브랜드들이 만들어내는 점과 그 점을 잇는 선, 그리고 다시 여러 가닥의 선들이 모여서 만들어내는 이 거대한 판은 하나의 세계관이기도 하다. 물론 무수히 많은 점들 중에서 가장 반짝이는 점이 되는 것도 멋지지만, 수많은 점들과 연결돼 폭발적인 빛을 만들어내는 것은 궁극의 희열에 가까워지는 방법이 될 것이다.

당신의 브랜드는 물론 자유롭다. 언제든 다른 판으로 여행을 떠날 수 있고, 그곳의 누군가를 초대할 수도 있다. 이 모든 것이 당신이 만들어가는 점들의 연결, 브랜드 로드맵 위에서 벌어지는 일이니까. 정해진 운명은 없다. 다만 어떤 방향으로 나아가 어떤 연결을 만들어내고 싶은지를 염두에 두고 움직여볼 것을 권한다.

당신의 브랜드는 마음에 드는 형태의 선을 만들고 있는가? 그 선 위에서 만난 동료들과 함께 당신의 이야기를 성장시키고 있는가? 다른 브랜드의 선과 교차했을 때 충분히 시너지를 낼 수 있는, 성장의 선을 그려나간다는 생각이 든다면 이제 한번 옆에 있는 선과 연결을 시도해보자. 연결하고 연결되면서 강력한 메시지를 담은 세계를 만들어보자.

나침반
브랜드의 방향과 목적 확인하기

열심히 점을 찍고, 그 점을 이어 선을 그었고, 교차점을 연결해 면을 만들었다. 이렇게 브랜드의 도형 놀이가 계속되는 와중에 떠오르는 느낌이 있다. 인류 최고의 과제인 불안이다. 계속 나아가고 있지만 불안이 좀처럼 사라지지 않는다. '언제까지 이것을 계속해야 하지?', '내가 지금 잘하고 있는 게 맞나?' 해볼 만한 것은 거의 해본 것 같고, 새로움을 찾는 것 자체가 더 이상 새롭지 않다. 초심을 찾으려 애쓰던 시기가 생각난다. 매너리즘과 무기력과 번아웃 사이의 어디쯤에 있는 느낌이다. 이 모든 의구심은 지금 내가 있는 곳이 어디인지 잘 알 수 없는 기분으로 이어지기도 한다.

브랜드를 만들고 성장시키는 일에는 정말 다양한 변수가 개입

된다. 처음부터 아주 멋지고 심플한 브랜드 의도를 마음에 품고 출동했다 해도 이 녀석이 커가면서 만나는 새로운 사건들, 그 사건들을 통해 맺게 될 수많은 다른 조직과의 관계들, 함께 성장하는 사람들과 겪는 변화의 구조까지 모든 상황이 유기적으로 얽혀서 굉장히 복잡한 과정을 만들어내는 시기가 온다.

이때 복잡하게 얽힌 상태를 방치하면 분명 리스크가 위기로 이어지게 된다. 단순화 작업이 필요하다. 그래야만 브랜드의 선택과 집중을 이어갈 수 있다.

브랜드가 만들어낸 다양한 다이내믹스dynamics를 단순화하려면, 이들을 다차원적인 관점으로 점검할 수 있는 기준이 필요하다.

브랜드가 잊지 말아야 할 지향점을 강력하게 만들어줄 브랜드만의 기준점을 설정하고, 그 기준점을 바탕으로 브랜드의 밸류체인을 점검하는 시간은 그 어떤 미팅보다 유용하고 소중하다. 이 점검에 사용되는 기준점들, 즉 브랜드 지표index는 방향, 목적, 지향점, 기준을 보여주는 나침반이 된다. 지표를 토대로 브랜드를 둘러보면 브랜드의 방향과 목적을 기억하게 되고, 지향점을 마음에 다시 새기는 동시에 구체적이면서 현실적인 점검을 할 수 있다. 나침반은 길을 잃었을 때만 꺼내 쓰는 도구가 아니다. 나침반을 조금씩 돌려가면서 내가 지금 있는 곳이 숲의 어디쯤인지, 어느 쪽으로 어떤 속도로 걷는지를 때때로 점검하는 것은 여행자의 덕목이자 습관이고 즐거움이다.

기억해야 할 점은 브랜드 지표를 사용하는 목적이 상대평가가 돼서는 안 된다는 것이다. 기준을 채찍 삼아 줄을 세우고 경쟁을 부추기는 식의 평가 말이다. 나침반처럼 든든하고 설레는 가이드 역할을 해야 하는 지표가 언제부터 스트레스의 원인이 됐는지 의문스럽다. 측정하고 판단하면서 길을 알려주는 역할은 희미해지고, 평가와 비판의 무기가 돼 1등부터 꼴등까지 위계와 지위를 만들어내는 것은 애써 만든 지표의 섬세함을 도리어 헛되게 만든다.

지표 활용의 핵심은 균형을 맞추는 행위에 있다. 더 좋은 등수를 얻기 위해 수치를 늘리고 줄이는 것이 아니라, 지향점과 어긋난 각도의 차이를 줄이고 갖춰야 할 조건의 빈 부분을 채워 전체적인 균형을 맞추는 것, 즉 시스템의 지속가능성을 높여가는 것이다.

2015년 UN이 발표한 SDGs는 현재 가장 주목받는 지표라 할 수 있다. '단 한 사람도 소외되지 않는 것'이라는 슬로건 아래 지속가능발전의 이념을 실현하기 위해 인류 공동의 17개 목표와 169개 세부 목표를 제시했다. 그리고 2030년까지 이 목표를 달성하기로 결의했다니, 나도 뭔가 도움이 돼야 할 것 같은 기분이 슬쩍

든다. SDGs가 공개된 후에 수많은 지표들이 이를 기반으로 탄생했고, 결국 오늘날의 ESG 지표를 만드는 데까지 영향을 주었다.

그런데 요즘 들려오는 ESG 지표에 관련된 이야기들이 뭔가 석연찮다. 투자기준이 된 ESG 지표들은 결국 '수치화된 평가'를 목표로 내세우며 '누가 누가 더 잘하나'라는 경쟁 의식을 발동시킨다니, 아무리 좋은 소리를 해봐도 지표가 경쟁을 부추기는 이 현상을 어떻게 누그러뜨릴 수 있을까.

SDGs를 만드는 과정에 큰 영감을 주었다는 도넛 경제학은 '수치를 통한 비교 경쟁'이라는 한계성을 극복할 수 있도록 재치 있는 방법을 알려주는 지표다. 도넛 경제학의 모델에는 숫자가 없다. 기준점도, 현 상황도 모두 숫자가 아닌 '형태'로 드러난다. 지표에서 추구하는 지향점들이 가장 이상적으로 균형을 이루고 번영하는 상태일 때 '도넛 형태'가 된다고 해서 이름도 도넛 모델이지 않은가. 완벽한 도넛이 되고 싶은 바람을 망치는 울퉁불퉁한 주변의 형태들은 현재 당신의 브랜드가 균형을 잃고 비틀댄다는 증거가 된다.

도넛 모델은 SDGs 형성에도 도움을 주었을 뿐 아니라, 여러 정부와 기업에 채택돼 현실적으로 작동하는 '유효한' 모델이기도 하다. 도시정책 추진을 위해 도넛 모델을 가져오겠다고 선언한 네덜란드의 암스테르담, 미국의 샌프란시스코와 포틀랜드, 오리건주와 영국 레이디우드, 덴마크의 코펜하겐, 캐나다의 너나이모 등지에서 모두 도넛 모델이 작동한다.

도넛의 내부를 망가뜨리는 요인은 12가지 사회적 불평등이다. 물, 식량, 보건, 교육, 소득과 일자리, 평화와 정의, 정치적 발언권, 사회적 공평함, 성평등, 주거, 각종 네트워크, 에너지라는 요소가 부족해지는 순간 내부가 조금씩 망가지기 시작한다. 도넛 외부를 망가뜨리는 요인은 아홉 가지 환경적 위협이다. 기후 위기, 해양 산성화, 화학적 오염, 질소와 인 축적, 담수 고갈, 토지 개간, 생물 다양성 손실, 대기오염, 오존층 파괴라는 현상이 나타나면 바깥에 반죽 덩어리가 덕지덕지 붙는다.

조건을 충족시키고 아홉 가지 위협에서 벗어나 균형을 잡는 사회만이 온전한 도넛이 될 수 있다. 망가진 사회는 도넛의 안팎으로 반죽들이 마구 들러붙어 결국 형태를 알 수 없는 덩어리가 되는 반면, 건강하게 균형을 이룬 사회는 잘 빚어진 도넛 모양을 유지한다. 그러나 이 모델은 사실 완전히 새로운 지표는 아니다. 오랫동안 차근히 발전해온 순환 경제의 개념을 띤 다이어그램에 측정이라는 방법을 수치가 아닌 형태로 전환해 개발한 지표다.

도넛 모델은 정부 정책뿐 아니라 기업 정책에도 적극적으로 도

입됐는데, 그중 가장 유명한 사례가 파타고니아다. 그리고 유니레버Unilever, 굿에너지Good Energy, 후디니Houdini, 마스Mars, 오틀리Oatly 등의 회사들은 레이워스에게 컨설팅을 받는 등 도넛 모델 확산에 적극적으로 동참하고 있다.

그렇다고 도넛 모델을 지금 나의 브랜드를 위해 당장 사용하기에는 조금 망설여질 수 있다. 나의 규모에 맞춘 항목들로 세팅해야 할 필요가 있다.

도넛 내부의 사회적 불평등 항목은 '단 한 사람도 소외되지 않는 것'이라는 SDGs의 슬로건과 맥락을 같이한다. 집단의 구성원들이 안전하게 살아가게끔 기초적으로 충족시켜야 하는 조건들을 뜻한다. 이 항목들의 목표는 최고의 조건 구비가 아니라, 필수 조건을 필요한 만큼 갖추는 것이다. 도넛 외부의 환경적 위협 항목은 한계를 넘지 않는 것을 목적으로 하는 요소들이다. 자정작용으로 복구 가능한 정도까지가 이들의 한계이기에 완벽한 무오염이 아니라 '오염을 가능한 최소화'하는 것이 목적이다.

우리 브랜드에서 부족하면 안 되는 것, 과하면 안 되는 것이란 무엇일까? 브랜딩을 하는 사람들이 가장 많이 하는 말 중 하나가, 브랜드는 하나의 인격체이며 브랜드를 만드는 행위는 생명을 탄생시키는 것과 같다는 것이다.

이러한 맥락에서 나는 브랜드 지표를 만드는 것은 브랜딩하는 사람들이 할 수 있는 가장 다정하고 듬직한 보육 행위라고 생각한다. 브랜드 지표는 자신의 건강하고 안전한 상태를 유지하기 위한 조건과 한계를 알려주는 역할을 한다. 직접적으로 잔소리를 하지는 않지만 은근하게 메시지를 던지며 초심을 일깨우는 역할을 하는 것이 지표의 항목들이다. 브랜드가 어떻게 변화하는지를 보여주는 것도 지표다. 성장하고 있는가, 좋아지고 있는가의 질문에 대답하려고 곰곰이 생각하다 보면, 새삼 내가 생각하는 성장의 기준과 내가 좋다고 믿는 것의 기준이 무엇인지 알아채게 된다.

세상의 모든 브랜드들이 나만의 지표를 만들고 그 지표와 함께 성장하고 변화하면서 계속 안전하고 건강하게 살아갈 수 있기를 바란다. 지금 이곳에서 우리가 세울 수 있는 각자의 도넛을 구워 보면 어떨까.

우리도 변해야 합니다

이 책을 쓰는 내내 신경쓰이는 회사가 있어서 마감을 앞두고 인터뷰를 다녀왔습니다. 수년 전, 프로젝트를 함께하며 알게 된 '어썸스쿨'이라는 청소년 교육 스타트업입니다. 한창 같이 일하면서 '와, 찐이다!'라는 느낌을 자주 받았는데, 이런저런 이야기를 나눌 기회를 미처 만들지 못했던 아쉬움이 남아 있었어요. 이번 기회에 이 회사에 대해 좀 더 깊게 알고 싶었던 것이죠. 일하면서 받은 느낌의 정체에 대해서도 알고 싶었습니다.

그런데 막상 책에 넣을 인터뷰를 하려고 보니 어느 장의 사례로 소개하면 좋을지 판단이 서지 않았습니다. 그대로 혼자 우왕좌왕하며 질질 끌다가 결국 인터뷰 자체를 미뤘습니다.

어느덧 원고 마감이 코앞으로 다가왔습니다. 계획이 정리되진 않았지만, 일단 날을 잡아 어썸스쿨 대표를 만나기로 했습니다. 그렇게 인터뷰를 끝내고 나서야 모든 걸 알아차릴 수 있었습니다. 어썸스쿨을 어떤 챕터에도 소개할 수 없었던 이유는 모든 챕터에 해당하는 이야기를 다 가졌기 때문입니다. 그래서 에필로그에서 어썸스쿨의 이야기를 전하려 합니다.

어썸스쿨의 이지섭 대표는 평범한 대한민국 십대와 이십대가 마땅히 가야 할 길을 가고 있었다 회고하며 이야기를 시작했습니다. 그는 대한민국 청소년이 청년으로 자라는 과정을 착실하게 한 단계 한 단계 밟았습니다. 그렇게 대학생이 된 이 착실한 청년은 모 창업대회에 나가 1등을 하게 됩니다. 상금과 관심을 거머쥐고 화려하게 창업 무대에 데뷔했습니다. 그는 그 시절을 떠올리면서, 그제야 비로소 무언가 자신의 안에서 변화하는 걸 느꼈다고 합니다.

"그때 제 안에서 뭔가 터져버렸어요. 해방감을 느낀 거죠. 태어나서 처음으로 학교도 안 가고 수업을 빠지기 시작했어요. 너무 행복한데 동시에 굉장히 화도 났어요."

스스로 일을 발견하고 스스로 만들어간 성취감이 가져다준 파도 같은 감정이었습니다. 그전까지 이걸 못했다는 게, 지금에서야 알았다는 게 너무 화났다고 합니다. '내가 이런 기쁨을 누릴 수 있다는 걸 지금까지 왜 아무도 알려주지 않은 거지?'라는 분노를 느꼈다는 그의 이야기에서 아직도 흥분이 느껴졌습니다.

그의 첫 사업은 반려동물 관련 사업이었습니다. 시작은 굉장히 순탄했습니다. 그런데 이상하게, 일이 잘될수록 그는 조금씩 무서워지기 시작했다고 해요. 창업 초기에는 사업이 커가는 것에 그저 행복했는데, 계속 성장할수록 이 업의 본질이 자신의 삶의 방향과 맞지 않는다는 것을 알게 된 것입니다. 그때부터 무서워진 거죠. 그대로 달리면 안 될 것 같아, 잘되던 사업을 마무리합니다.

그리고 내게 맞는 일을 찾기 위한 노력을 시작합니다. 그때 발견한 것이 페이스북에 뜬 한 커뮤니티의 멤버 모집 광고였습니다. 그는 이 광고를 보자마자 내 이야기라는 느낌을 받고 주저 없이 바로 신청서를 제출합니다. 그 커뮤니티는 청년들이 모여 공교육을 변화시키는 시도를 하는 곳이었고, 그는 자신이 졸업한 고등학교로 교육 실험을 하러 가는 우연까지 경험하면서 어썸스쿨을 꿈꿉니다. '공교육 문제 해결'이라는 이성적 목표와 자신의 성장 과정에서 느낀 불합리함, 강제성에 대한 반발과 불만, 청년이 되어 자신의 능력을 발견했을 때의 희열, 삶의 방향과 맞지 않는 일을 할 때의 공포가 완벽하게 섞여 어썸스쿨이 하는 일의 의도가 만들어진 겁니다.

사업을 시작하고, 히어로스쿨이라는 브랜드를 구축하면서 어썸스쿨은 더 많은 사람, 더 많은 기회와 연결되기 시작합니다. 그리고 사업은 복잡해졌습니다. 이지섭 대표는 회사가 일을 하면서 이윤을 창출하는 과정, 즉 밸류체인을 확실하게 구축하지 못해 좌충우돌했던 시기를 떠올립니다.

어썸스쿨 구성원들의 일, 브랜드 의도, 그리고 결과물의 완성도가 잘 맞물려 돌아가도록 하는 방법을 찾는 것이 최근 몇 년간 그의 가장 큰 어젠다였다고 합니다. 그것이 회사의 운명과 얼마나 밀접한 관계가 있는지를 뼈저린 시행착오를 통해 알게 됐다는 이야기에서 그간의 상황이 짐작됐습니다. "이걸 잘해내야 브랜드가 제공하려는 이상적인 모습을 고객에게도 직원에게도 줄 수 있다는 걸 아는 데까지 참 오래 걸렸죠"라며 이지섭 대표는 회상의 웃음을 지었습니다. 그는 고통을 경험했지만 결국 해결도 했습니다. 밸류체인의 재구축과 함께 회사의 일을 재정비하니 버릴 것과 취할 것이 명확해졌습니다. 매출이 성장했고, 직원이 늘었습니다. 제공하는 서비스가 선명해지고, 회사의 새로운 꿈이 자라났습니다.

최근 그는 그동안 컨소시엄이나 공동 프로젝트 같은 형식으로 연대해오던 브랜드 간의 연결에서 한발 나아가 어썸스쿨의 구체적인 업무들과 더욱 직접적으로 연결될 수 있는 새로운 조직과 회사를 찾는 일을 한다고 합니다.

얼마 전에 한 유명한 강사와 찍은 사진을 페이스북에 올렸기에 궁금해서 물어보니, 그 회사에서 교육받은 수료자들을 어썸스쿨 강사진으로 연계할 수 있는 가능성을 타진하기 위해 미팅을 하고 왔다고 했습니다. 어썸스쿨과 직접적으로 협력할 수 있는 다양한 플랫폼을 알아보고 관계를 만들면서, 일을 더 완성도 있게 하는 방법을 고민하는 것이 느껴졌습니다. 못 본 동안 한껏 노련한 사람이 된 게 멋져 보임과 동시에 섭섭했습니다.

인터뷰 마지막에는 업계의 근황에 대해 물어봤습니다. 평소 짓궂은 농담을 좋아하는 습관을 버리지 못하고 "어썸스쿨은 몇 등이에요? 1등 하고 싶으세요?"라는 질문을 웃으면서 슬쩍 던졌죠. 그러자 이지섭 대표는 우문현답으로 공을 받아칩니다. 진득한 한 방이었죠. "당연히 할 거예요. 언젠가는 하게 될 거예요. 저는 이 비즈니스를 좋아하고, 이 비즈니스를 잘할 수 있다는 자신감이 있거든요. 지금의 어썸스쿨과 히어로스쿨을 토대로, 여기서 발견한 히어로들(학생들)과 함께 미래 교육을 다시 만들어갈 거예요."

어썸스쿨은 "좋은 브랜드는 계속 변합니다"라는 말이 찰떡처럼 어울리는 회사이자 브랜드입니다. 인터뷰의 처음부터 끝까지 그의 감정이 잔뜩 묻어났습니다. 그에 대한 오래된 감정이 지금까지 살아 있었던 것은, 인터뷰 내내 들려준 어썸스쿨의 성장 분투기 덕분이라는 합리적 추측을 합니다.

잘할 수 있는 일을 좋아하고, 좋아하는 일을 잘하게 되면서 느꼈던 자신들의 기쁨과 슬픔을 지금의 청소년도 함께 느끼며 성장하길 바라는 것이 어썸스쿨의 의도이자 할 일입니다. 그리고 제가 느꼈던 '찐' 감정의 정체입니다. 변한다는 것은 진화한다는 것입니다. '최고의' 선택이 아니라 가장 '적정한' 선택을 고집하는 것은 불가능합니다. 가장 적정한 '최선의' 선택을 하고 그 방향으로 나아가는 것이야말로 진정한 변화라고 생각합니다.

"좋은 브랜드는 계속 변합니다"라는 말 뒤에는 숨은 의도가 있습니다. 좋은 브랜드는 고민을 온몸으로 통과하며 변화한다는 겁니다. 브랜딩이 결코 브랜드만의 성장을 돕는 직업은 아니라고 생각합니다. 오히려 나 또한 성장하기를 원하고, 실제로 성장합니다. 좋아지는 변화를 브랜드와 함께할 수 있다는 것이 브랜딩의 가장 짜릿한 점입니다. 제 삶이 가장 의문투성이였을 시기에 커리어를 통틀어 가장 멋진 클라이언트와 동료를 만날 수 있었고 집중해서 일할 수 있었습니다. 의문과 의심과 고민이 가득한 대화도 많이 나눌 수 있었고, 깊이 있게 일에 접근할 수 있었습니다. 그러니 가장 적정한, 최선의 결과가 남게 되었습니다.

이 책은 '변화와 성장'의 이야기를 브랜드로 풀어냈지만, 사실 어떤 곳에도 적용할 수 있는 이야기를 합니다. 삶을 닮은 브랜딩이 점점 많아지기에 가능한 일입니다. 아니, 브랜딩은 '우리의 삶'을 닮았다는 말이 맞겠네요.

계속 성장하고 싶은 마음, 기왕이면 나만의 멋을 갖고 변화하고픈 마음을 담아 책을 내놓습니다. 새로운 일을 벌이고 사람들을 끌어들이는 이 기분 좋은 일을 앞으로도 계속하려면 저 역시 꾸준히 변해야겠죠. 좋아지는 변화를 통해 늘 성장하고 싶습니다.

좋은 브랜드가 계속 변하는 것처럼요.